# AI公文写作

## 范例大全

### 格式、要点与技巧

公文先生 编著

化学工业出版社
·北京·

## 内 容 简 介

对于公文的写作，AI在自动生成、内容优化、语法检查、错误纠正、风格统一、整合分析、效率提升、创作丰富性等方面，都提供了很多便利之处。本书分两条线进行详细介绍。

一条是理论线：介绍了公文的知识、格式、写作与处理，并对9种法定类公文、4种事务类公文、4种规约类公文、4种凭证类公文和4种其他类公文的格式、要点与技巧进行讲解，帮助读者全面了解公文的相关知识，打好理论基础。

一条是技巧线：介绍了AI写作工具的使用和测评、AI公文的写作方法、运用AI对公文进行润色的技巧，并通过举例的方式实战演示了25种公文的AI写作方法和技巧，让读者轻松掌握AI工具的使用技巧和AI公文的写作技巧。

全书通过220多页PPT教学课件+139分钟的教学视频演示+140多个实用技巧讲解+80多组AI提示词分享+80多个AI回复文件+24个课后习题+12课电子教案，分"认识公文+掌握方法+公文实战"3大专项内容，帮助小白快速成为AI公文写作高手！

本书适合以下人群阅读：一是刚入职的公务员、有公文写作需求的政府工作人员；二是行政岗位、文秘岗位等需要写作公文的职场人员；三是学生、教师和学术研究人员。此外，本书也适合作为相关专业的教材。

**图书在版编目(CIP)数据**

AI公文写作范例大全：格式、要点与技巧 / 公文先生编著. -- 北京：化学工业出版社，2024. 9. -- ISBN 978-7-122-45984-8

Ⅰ. H152.3-39

中国国家版本馆CIP数据核字第2024Q10L72号

---

责任编辑：李 辰 孙 炜　　　　　　　封面设计：昇一设计
责任校对：赵懿桐　　　　　　　　　　　装帧设计：盟诺文化

---

出版发行：化学工业出版社（北京市东城区青年湖南街13号　邮政编码100011）
印　　装：河北延风印务有限公司
787mm×1092mm　1/16　印张13$\frac{1}{4}$　字数306千字　2024年9月北京第1版第1次印刷

---

购书咨询：010-64518888　　　　　　　售后服务：010-64518899
网　　址：http://www.cip.com.cn
凡购买本书，如有缺损质量问题，本社销售中心负责调换。

---

定　　价：59.00元

# 前　言

公文被广泛地应用于各党政机关、社会团体和企事业单位中，以满足人们处理公共事务的需要。但是，要想公文在公务处理中发挥出最大效用，就需要拟写者努力提高自己的公文写作水平，从而写作出高质量的公文。提高公文的写作水平是一项技能养成活动，需要掌握公文的相关知识，并通过大量的练习与实战经验积累。

不过，在AI技术席卷各行各业，带来全新发展的今天，用AI写作公文成了拟写者提升公文写作水平的新途径。背靠海量公文数据和先进的人工智能模型，AI降低了公文写作的门槛和难度，让公文写作变得高效、准确，让拟写者不再为写作公文发愁。

秉持着响应国家科技兴邦、实干兴邦的精神，我们致力于为读者提供一种全新的学习方式，使大家能够更好地适应时代发展的需要。通过对公文理论知识的介绍和AI公文写作实战的讲解，我们为读者提供了140多个实用技巧，全面满足读者在AI公文写作过程中的需求，提高公文写作的效率和质量。

## ◎ 本书特色

① 80多张图片全程图解：本书使用了80多张图片对AI写作公文的过程进行了全程式图解，通过这些大量清晰的图片，让实例的内容变得更通俗易懂，读者可以一目了然，快速领会，举一反三，提升公文的写作效率。

② 80多组关键提示词奉送：为了方便读者快速掌握写作技巧，特将本书实例中用到的提示词进行了整理，统一奉送给大家。大家可以直接使用这些提示词，体验运用AI写作公文的乐趣。

③ 80多个回复文档奉献：随书附送的资源中包含本书中获得的回复文档。这些回复文档可供读者自由使用、查看，帮助读者快速提升AI公文写作的操作熟练度，顺利地完成公文写作任务。

④ 139分钟的视频演示：本书中的软件操作实例，全部录制了带语音讲解的视频，时间长度达130多分钟，重现书中所有实例操作，读者可以结合书本，也可以独立观看视频演示，像看电影一样进行学习，让学习更加轻松。

⑤ 140多个干货技巧奉献：本书通过全面讲解运用AI写作公文的过程，包括认识公文、掌握方法和公文实战，帮助读者从新手入门到精通，让学习更高效。

## ◎ 版本说明

本书涉及的各大软件和工具包括ChatGPT为4.0版、文心一言为基于文心大模型3.5的V2.5.4版、通义千问为V2.1.1版。Kimi、新华妙笔等AI大模型的使用逻辑与上述通用。

虽然在编写本书的过程中，是根据界面截的实际操作图片，但书从编辑到出版需要一段时间，在此期间，这些工具的功能和界面可能会有变动，请在阅读时，根据书中的思路，举一反三，进行学习。

提醒：即使是相同的提示词，平台每次生成的文字也会有差别，这是软件基于算法与算力得出的新结果，是正常的，所以大家看到书里的回复与视频有所区别，包括大家用同样的提示词，自己进行实操时，得到的回复也会有差异。因此在扫码观看教程时，读者应把更多的精力放在指令的编写和实际操作步骤上。

## ◎ 资源获取

如果读者需要获取书中配套资源，请使用微信"扫一扫"功能按需扫描下列对应的二维码。

读者QQ群　　　　　　　　　视频教学（样例）

## ◎ 编写售后

本书由公文先生编著，参与编写的人员还有李玲，在此表示感谢。

由于编写人员知识水平有限，书中难免有些疏漏之处，恳请广大读者批评、指正，联系微信：2633228153。

# 目　录

## 【认识公文】

# 【掌握方法】

# 【公文实战】

# 【认识公文】

## 第1章

### 公文知识快速入门

公文，即办公文书，是为了处理公务而存在的文体。公文知识包括公文自身的基本含义、公文的写作知识，以及公文的写作要求这3个方面的内容，本章将对这些内容进行介绍。

# 1.1 公文的基本常识

写作公文，需要从认识公文开始，包括了解公文的概念、把握公文的特点，以及明确公文的分类这3个方面的内容。本节就从这3个方面来具体介绍公文的基本常识。

## 1.1.1 公文的概念

公文，即办公使用的文书，这是公文的字面含义。下面重点介绍公文的基本内涵和属性内涵，帮助大家深层次地了解公文的概念。

扫码看教学视频

### 1. 公文的基本内涵

公文，全称为"公务文书"，是社会公务活动的产物和工具。具体来说，公文是国家机关、社会团体和企事业单位在处理公务活动过程中产生的具有传递信息和记录作用的载体，这是公文的基本内涵。

深入解读这一内涵，可以归纳出公文的几个构成要素，具体如图1-1所示。

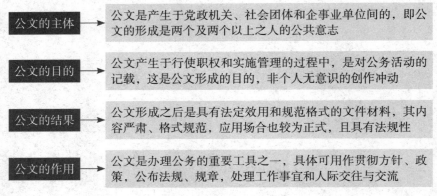

| 公文的主体 | 公文是产生于党政机关、社会团体和企事业单位间的，即公文的形成是两个及两个以上之人的公共意志 |
| --- | --- |
| 公文的目的 | 公文产生于行使职权和实施管理的过程中，是对公务活动的记载，这是公文形成的目的，非个人无意识的创作冲动 |
| 公文的结果 | 公文形成之后是具有法定效用和规范格式的文件材料，其内容严肃、格式规范，应用场合也较为正式，且具有法规性 |
| 公文的作用 | 公文是办理公务的重要工具之一，具体可用作贯彻方针、政策，公布法规、规章，处理工作事宜和人际交往与交流 |

图 1-1　公文的构成要素

### 2. 公文的属性内涵

由上文介绍的公文的基本内涵可知，公文是办理公务的重要工具。因此，从公文的属性方面来说，它是实现国家统治和公事、公务管理的一种重要工具，特别是在政府机关中，公文有着鲜明的属性特征，具体说明如下。

（1）公文是为党政机关服务的，带有国家政权的性质，具体表现在党政机关领导借助公文行使权力。

（2）公文具有鲜明的层级性，具体表现在公文是从属于一定的政治集团并为其服务的。

## 1.1.2　公文的特点

扫码看教学视频

从公文的概念可知，公文是一种适用于特定范围且具有特定格式的应用文，既具有应用文的实用性特点，同时也具有它自身的一些特点，例如权威性、规范性等。下面将对公文的特点进行介绍。

**1. 权威性**

公文的权威性体现在发文机关的权威和基本职能的权威，具体分析如下。

（1）发文机关的权威

公文的发文机关即公文的形成主体，是各级机关、社会团体和企事业单位，它代表的是各个机关和部门。发文机关通过公文传递国家的政策及命令、处理公共事务和推进工作的进行，这就要求它具有法定权威性，这是确保达到公文发文目的的基础。

（2）基本职能的权威

公文的基本职能是将党政机关制定的方针/政策、颁布的法规/制度或解决工作问题的指令等告知给相应的受文单位或受文个人，但由于党政机关的权威性，其告知事项具有法定约束力，即要求受文对象知悉并依法贯彻执行，从而使得公文的这一基本职能也具有了权威性。

综上所述，公文是由具有权威性的党政机关制发的具有使用权威的一种文体，这是公文区别于其他文书的基本特点，也是公文传达指令具有信服力和强制执行性的表现。

**2. 特定性**

公文具有明显的特定性，其主要表现在受体的显著性和内容的限定性，即公文的受体是一个特定的群体，在拟写时会写明"主送机关""抄送机关"等受文对象，并且公文的内容必须反映和传达社会组织的公务信息。

**3. 实用性**

从公文的属性来看，它是一种服务于现实生活的重要工具，具有明显的实用性，具体表现在公文是社会组织为处理现实问题、解决公共事务而拟写的，可用作传达意图、颁布法规和工作商洽等。

**4. 规范性**

公文的成文和传播都是有一定规范的，表现在公文的拟写和公文的处理两个方面，具体说明如下。

（1）在公文的拟写方面：拟写公文时需要准确表达发文机关的意志，要求语言使用规范，按照特定的文体格式行文。

（2）在公文的处理方面：从公文的起草、行文到收文、归档等，整个过程需按照严格的程序进行，以便准确地发挥公文的作用和职能。

## 1.1.3　公文的分类

扫码看教学视频

公文的应用很广泛，从不同的角度可以划分为不同的种类。下面将具体介绍公文的划分种类，以便大家明确公文的适用范围。

### 1. 从行文关系上

行文关系即公文的形成主体与受体之间的隶属关系，以此为依据，可将公文分为上行文、下行文、平行文和泛行文4类，具体说明如图1-2所示。

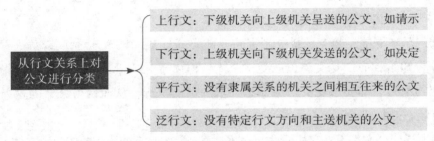

图 1-2　从行文关系上对公文进行分类

### 2. 从内容性质上

从公文的内容性质上划分，可将公文划分为报请性公文、规约性公文、指挥性公文、知照性公文、商洽性公文和记录性公文等，具体说明如下。

（1）报请性公文：是指下级机关向上级机关汇报工作情况、请求事项批准或寻求问题解决办法使用的公文，例如请示、报告等。

（2）规约性公文：是指机关单位为开展工作而制定的具有约束力的明文规范，例如章程、规定等。

（3）指挥性公文：是指上级机关向下级机关阐明工作事项、发布工作任务等使用的公文，例如命令、批复等。

（4）知照性公文：是指机关单位就重要事宜或重大事项向有关单位人员或社会群体进行公布的公文，例如通知、公告等。

（5）商洽性公文：是指机关单位间相互商洽工作、询问或答复问题等使用的公文，例如合同、函等。

（6）记录性公文：是指社会各组织对工作或事项的有关情况进行整理、记录的公文，例如纪要、工作总结等。

### 3. 从使用范围上

从使用范围上划分，可以将公文分为通用公文（包含党政机关法定类公文和常用事务类公文）与专用公文（特定部门使用的公文）两类。

### 4. 从内容重要程度上

根据公文内容的重要程度可对其进行加密，从这个角度可以将公文划分为绝密公文、机密公文、秘密公文和普通公文4类，具体说明如下。

（1）绝密公文：是指公文涉及的内容是最重要的，不容泄露，其保密期限不超过30年。

（2）机密公文：是指公文涉及的内容非常重要，不允许公开，其保密期限不超过20年。

（3）秘密公文：是指其内容相对于绝密、机密公文的重要程度较低，但仍需加密，保密期限不超过10年。

（4）普通公文：是指内容不涉及国家秘密，可在各机关单位间或社会群体间公开传阅的公文。

### 5. 从公文的载体上

公文虽为书面材料，但随着现代技术的进步和公文传播的便捷性要求，公文具有不同的承载形式，具体说明如下。

（1）纸质公文：以纸张为载体的公文，是公文使用最普遍的形式。

（2）磁介质公文：以磁盘、光盘等磁性材料为载体的公文，例如录音文件等。

（3）感光介质公文：以感光材料为载体的公文，例如胶片等。

（4）电子公文：以计算机为载体形成的电子文件，通过网络媒体传播。

### 6. 从承办时限上

按公文需要受文对象承办的时间长短进行划分，可以将其分为特急公文、加急公文和平急公文。这些种类的公文一般会在其首页或封面上用"特急""加急"等字样，予以注明。

综上所述，公文大致可从内容与形式上细分为不同的种类，而明确这些种类，有助于我们深入认识和拟写公文。

# 1.2　公文写作的知识

公文的基础知识，不仅包括认识公文的概念、特点等基本常识，也包括公文的写作知识，即公文写作的作用、公文写作的结构布局，以及公文的表达方式等。本节将详细地介绍公文写作的相关知识。

## 1.2.1　公文写作的作用

在前文的介绍中，我们知道公文是处理公务时使用的文书，而在写作过程中由于其内容不同，发挥的作用也不同，如领导机关实施领导与指挥、机关单位间规范行为与交流工作等。下面将具体介绍公文写作的作用。

扫码看教学视频

### 1. 实施领导与指挥

公文是党政机关等社会组织进行社会管理的重要工具，其最高可体现党和国家的意志，传达党的方针政策，一经发送，使命必达，因此写作公文具有实施领导与指挥的作用。

### 2. 进行规范与约束

以规约性公文为例，其主要是为规范人们的行为而拟写的。规约性公文具有两种表现形式，具体说明如下。

（1）国家为规范社会全体人员的行为而颁布的法律、法规，其主要从道德层面规范人们的行为，对社会全体人员具有约束力。

（2）社会组织在本单位间发布的，为完成某项工作任务或为达成某一共识而拟写的规章、制度，它是以法律、法规为依据而拟写的适用于团体间的规约，对团体成员具有约束力。

无论哪一种规约类公文，都是以公文的形式进行规范与约束的，因此公文的写作具有规范与约束的作用。

### 3. 沟通与交流信息

公文用于各社会组织间处理公务，因此其势必会关乎各组织间的信息交流与联系。当各组织间的工作信息、工作情况有交互时，公文的拟写则充当着沟通与交流的桥梁作用，具体表现在以下3个方面。

（1）上级机关对下级机关的工作进行指导，例如决议、通报等。

（2）下级机关将工作情况呈送给上级机关，例如请示、报告等。

（3）同级机关或不相隶属的机关单位间交流工作，例如函等。

### 4. 依据与凭证效力

在一定程度上，拟写公文是对公务活动的记录，公文可作为一种依据和凭证，如纪要是对会议情况的记录以作为会议的凭证，意见是工作存在问题的解决依据等，且公文会经过严格的审批与整理归档程序，因此公文具有依据与凭证的作用。

## 1.2.2　公文写作的结构

在写作公文前，掌握其写作的结构是十分有必要的。那么，什么是公文写作的结构呢？其写作的结构又有哪些构成要素呢？下面将进行具体介绍。

扫码看教学视频

### 1. 结构的定义

所谓写作的结构，即拟写者按照一定的主题思想，对需要拟写的材料进行组织和编排，使之能够更好地传达出文章所要表达的意图。同理，公文写作的结构，是对公文材料的组织与编排、谋篇与布局。

按照一定的结构写作公文，可以让公文形成一定的样式，符合公文规范性的要求；也可以帮助拟写者梳理行文思路，使材料有序地被组织成一个有机的整体，从而更好地发挥公文的作用；还可以增添公文的可读性，进一步发挥公文的实用价值。

### 2. 结构的构成要素

不同种类的公文表现为不同的文体，因而也具有不同的内容结构，但总的说来，公文是一种应用文体，其结构大致可以按照标题、开头、主体、结尾等要素来进行谋篇布局，具体说明如下。

（1）标题：是公文主要思想和内容的总述，一般由公文的主要内容和公文文种构成，有些社会组织发布的公文，在标题中还会写明发文单位的名称。

（2）开头：是公文内容的简要介绍或总述性话语，作用是引出主体内容。其开头的写作有以下5种方式。

· 目的式：将公文写作的目的、缘由或意义交代清楚，然后引出下文。

· 依据式：先阐述公文写作的依据，或者引用的政策、法规等，然后引出下文。

· 介绍式：概括性地介绍公文的主要内容、主要情况、背景等，适用于一些活动或会议类的公文写作。

· 结论式：先将结论、结果陈述出来，然后在主体部分详细论述。

· 提问式：先提出一个与公文内容相关的问题，然后引出下文，常用于调查报告的写作。

（3）主体：主体是公文内容的核心部分，也是结构布局的关键，主要体现在层次与段落两个方面。

·在层次上，公文的内容要按照一定的次序进行编排，其内容的各个侧面构成"链条"，连接成主体部分。其层次的安排有以下3种不同的方式，具体如图1-3所示。

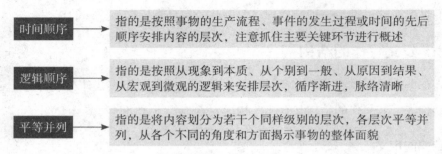

| 时间顺序 | → | 指的是按照事物的生产流程、事件的发生过程或时间的先后顺序安排内容的层次，注意抓住主要关键环节进行概述 |
| 逻辑顺序 | → | 指的是按照从现象到本质、从个别到一般、从原因到结果、从宏观到微观的逻辑来安排层次，循序渐进，脉络清晰 |
| 平等并列 | → | 指的是将内容划分为若干个同样级别的层次，各层次平等并列，从各个不同的角度和方面揭示事物的整体面貌 |

图 1-3　层次的不同安排方式

·在段落上，公文的内容按照分行的形式划分为若干段，每一个段落为一个内容的展现或一个层次，各段落间用过渡语，如"特通报如下"等串联起来，形成完整的篇章。

（4）结尾：即公文内容的结束。在写作结尾时，可以将主体内容的结束视作结尾，收束全文；可以总结归纳全文的主旨，以示强调结束全文；也可以提出希望与号召，以展望未来结束全文；还可以使用特定的结束用语，例如"以上请示若无不妥，请予以批准"等。

## 1.2.3　公文写作的表达

扫码看教学视频

如果说公文写作的结构是公文的"骨架"，那么公文写作的表达就是公文的"血与肉"。公文写作的表达，主要表现在语言的运用和表达方式两个方面，下面对这两个方面进行详细介绍。

### 1. 语言运用

公文写作的语言运用主要体现在"遣词造句"上，即词语的选择和句式的选择两个方面，并且按照其内容性质和发文目的的不同，需要使用不同的语言，具体以报请性公文、规约性公文、知照性公文和商洽性公文为例说明如下。

（1）报请性公文

一般这类公文涉及的内容是需要得到领导的签发与批示的，因此在陈述完主要内容后，要使用"请××单位签发""请××（单位或个人）审阅并报××签发"的语言，而领导在批示后使用"缓发""速发"等语言进行答复。

（2）规约性公文

这类公文是关于行为规范或准则的，需要受文对象知悉并遵守，因此一般常用语是"本规定自××日起施行""现将有关事项说明如下"等。

（3）知照性公文

这类公文是对重大事项等的公布，其目的是让受文对象知悉，主要用语为"特此公告""现将有关情况通报如下"等。

（4）商洽性公文

这类公文主要是同级单位或组织间进行事项的合作与交流，因此常用礼貌性的语言表示尊重，如"贵公司""承蒙……"等。

无论哪种内容性质的公文，其写作语言的运用都需要遵守用语准确、简明、得体和庄重的要求。

### 2. 表达方式

公文属于应用文的范畴，其表达方式有叙述、议论和说明3种。大多数情况下，这3种表达方式是综合运用的，具体介绍如下。

（1）叙述：指的是对一个事件或事项进行描绘。叙述可分为概叙、细叙、顺叙、插叙、倒叙、分叙这6类。其中，公文写作中常用概叙、细叙和顺叙这3种方式，具体说明如图1-4所示。

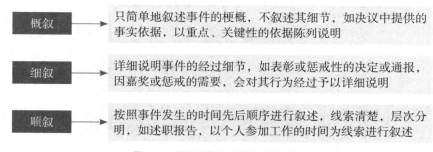

**概叙** → 只简单地叙述事件的梗概，不叙述其细节，如决议中提供的事实依据，以重点、关键性的依据陈列说明

**细叙** → 详细说明事件的经过细节，如表彰或惩戒性的决定或通报，因嘉奖或惩戒的需要，会对其行为经过予以详细说明

**顺叙** → 按照事件发生的时间先后顺序进行叙述，线索清楚，层次分明，如述职报告，以个人参加工作的时间为线索进行叙述

图1-4 公文写作的3种常用叙述方式

（2）议论：指的是对某一件事或某一项活动发表看法，它可以通过立论和驳论两种方式进行论证，具体说明如下。

·立论是从自己的观点出发，直接寻找相关论据进行论证的方式。它可以通过列举事实、引用理论、比较相同性质的事物，以及以原因推导出结果的方法进行立论。

·驳论则是从对方的观点出发，间接论证自己观点的一种论证方式。它可以反驳对方的论点、论据及论证，从而让自己的观点"站稳脚跟"。例如，在提请审议的具体事项写作中会陈述一些事实来论证其方案的可行性。

（3）说明：指的是将事物的性质、特征、情况等简明概要地陈述，例如章程，其内容是对规章制度的要求与事项所做的简要说明。

# 1.3　公文的写作要求

正所谓"章法有度，自成方圆"，为了写作一篇优秀的公文，拟写者还需要遵循一定的写作要求，例如内容方面的要求、格式方面的要求和基本规律等。本节将对公文写作的要求进行详细介绍。

## 1.3.1　公文写作的内容要求

公文写作的内容要求是实事求是，主要体现在符合国家政令和符合客观实际两个方面，具体说明如下。

扫码看教学视频

### 1. 符合国家政令

公文是党政机关处理公共事务的文书，其以党和国家制定的方针政策、法律法规为总领，因此公文写作的内容要求第一要义是符合党和国家的方针政策、法律法规。而达到这一内容要求，需要拟写者具备图1-5所示的素养。

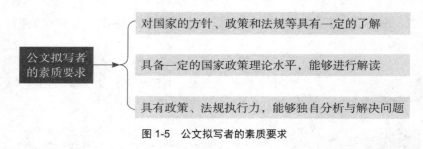

图 1-5　公文拟写者的素质要求

### 2. 符合客观实际

公文的内容涵盖许多公共事务，如规范人们行为的准则、解决工作问题的办法、调查社会现象的报告等，需要其具备准则的现实可行性、办法的可操作性以及调查数据的准确性，因此在写作公文的内容时，还要求其符合客观实际情况，能够反映出社会的现实问题。

这一内容要求，需要拟写者在写作时，多深入社会生活，认真调查研究，并且能够有针对性地提出解决措施。

## 1.3.2　公文写作的格式要求

公文在长期的应用中形成了固定样式，因此公文写作具有一定的格式要求，主要体现在公文语体的规范和公文格式的规范两个方面。下面将对公文写作的格式要求进行详细说明。

扫码看教学视频

### 1. 语体的规范

语体的规范指的是公文的不同文种，以及不同文种使用的语言，其具有不同的规范与要求，具体说明如下。

（1）公文的不同文种具有不同的适用范围，并表达出一定的内容。例如，通知是有关单位内部传达具体事项告知给单位人员的公文，而通告是机关单位对工作事项进行广而告之的公文，两者的受文对象不同，不能误用文种。

（2）不同文种使用的语言不同。以结尾惯用语为例，如请示的结尾多为"以上请示若无不妥，请批准"，而报告的结尾多为"特此报告"，两者的使用目的不同，在语言表达上也有所不同，不能混淆。

综上所述，公文写作的语体规范方面要求，在写作时应使用贴切的文种、准确的语言，以及遵守不同文种的用语习惯。

### 2. 格式的规范

公文写作在格式方面的要求主要体现在，其格式的构成要素如主送机关、标题、正文，抑或是纸张、排版、装订等方面必须遵循严格的标准规范。其格式的规范具有4个方面的特征，具体内容如图1-6所示。

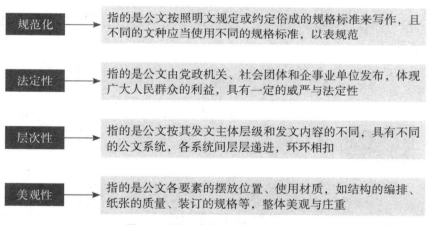

| | |
|---|---|
| 规范化 | 指的是公文按照明文规定或约定俗成的规格标准来写作，且不同的文种应当使用不同的规格标准，以表规范 |
| 法定性 | 指的是公文由党政机关、社会团体和企事业单位发布，体现广大人民群众的利益，具有一定的威严与法定性 |
| 层次性 | 指的是公文按其发文主体层级和发文内容的不同，具有不同的公文系统，各系统间层层递进，环环相扣 |
| 美观性 | 指的是公文各要素的摆放位置、使用材质，如结构的编排、纸张的质量、装订的规格等，整体美观与庄重 |

图1-6　公文写作格式的不同表现特征

## 1.3.3　公文写作的基本规律

扫码看教学视频

公文是一种为处理公务而存在的工具，而写作公文，则是一项使公文这一工具更好地发挥作用的活动。发挥公文的作用，主要是调动公文的基本要素，即发文者、公文和受文者之间的联系，具体可遵循以下3个基本规律。

### 1. 强制与自觉统一律

这一规律是指公文具有强制执行的特性，受文者需要自觉遵守。写作公文需要同时考虑这两方面的内容，具体如下。

（1）公文的强制执行性

公文是机关单位进行公务管理的工具，这也是它得以存在的基础。公文的主要作用是领导行使职权、发出指令、颁布条规。例如，命令体现了发令者与受令者之间的施、受关系；请示体现了请示者与受请者之间的受、施关系；平行文也是职权平行的机关之间的相互联系，同样离不开施与受。

就这一层面而言，公文的发文者是法定的、有权施政的组织或个人，其受文者随发文者而定，是接受施政的法定的组织或个人。因此，公文是一种施政行为，具有法规的强制力和行政的约束力。

（2）受文者的自觉遵守

当公文缺乏正确性、实用性和可行性时，受文者便难以贯彻执行，其强制执行力就会减弱，公文容易流于形式，成为"一纸空文"。因此，为激发公文受文者的自觉遵守性，需要提高公文的科学性，具体可从以下两个方面进行加强。

•在公文的拟写上，要确保其内容是建立在党的路线方针政策上的，与实际情况相匹配，并且需要结合历史经验教训与预测未来可能发生的情况，同时可对比同类文件，全面掌握信息。

•在公文的审查上，按照3条标准进行审查，具体说明如图1-7所示。

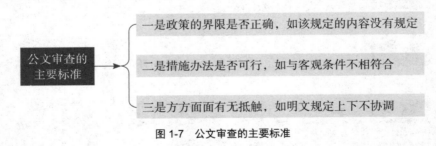

一是政策的界限是否正确，如该规定的内容没有规定

公文审查的主要标准

二是措施办法是否可行，如与客观条件不相符合

三是方方面面有无抵触，如明文规定上下不协调

图1-7　公文审查的主要标准

实现了公文的科学性，才能保证政策和要求的合法性、合理性，从而彰显其权威性，也就能推动受文者自觉地按公文要求行动。强制与自觉的统一结合，能够更有效地达到写作公文的目的。

### 2. 制作与速成统一律

公文的写作往往是为了解决某一问题，并且有一定的时间范围，因此要求公文发布及时、准时，即公文必须速成、速交，以达到公文的实用目的。但与此同时，公文是按照一定的模式制作而成的，这是实现公文速成的基本途径，因此制作与速成的统一成了公文写作的又一规律。有关公文的制作与速成，具体说明如下。

（1）公文的制作

公文的制作具体指的是在写作公文时按照一定的规范行文，不同的文种按其模式写作，运用符合规定的语言。例如，章程的写作按"总则——分则——附则"的模式进行拟写，并且其语言运用准确、凝练和庄重。

（2）公文的速成

公文写作初学者，需要不断地实践练习，才能练就速成的"本领"，具体可按照图1-8所示的步骤来实现。

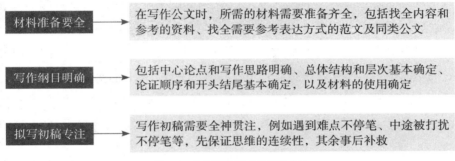

图1-8　公文写作速成的几种方法

在具体的写作中，初学者可以使用填词法、仿写法和听写法这3种方法来练习具体的写作技巧，详细内容如下。

· 填词法：依照同类公文模板，取其格式和要素，然后直接填充内容。

· 仿写法：仿照同类文种写作，包含称呼、选材、开头、结尾和表达方式等都可进行仿写。

· 听写法：由党政机关人员讨论，或者首长口授，拟写者记录整理成公文。这要求拟写者有快速吸收信息和理解信息的能力。

### 3. 发文者与拟写者统一律

公文一般有两个作者：一个是法定发文者，另一个是实际拟写者。因为公文大多是按照组织的决定或领导的指示来写的，且主要用途为发号施令、指导工作和沟通信息，因此拟写者必须严格地按照组织和领导的决定，即发文者的意图，来思考问题、研究问题和解决问题，用集体思维来拟写公文。

这就要求公文的两个作者能够协调一致、达成共识，因此需要发文者与拟写者共同弄清以下几个问题并达成共识。

（1）需要弄清的问题：包含公文写作的时间、机关单位、使用文种、发文范围、保密等级以及缓急程度等基本要点。

（2）需要达成的共识：即两个作者对问题的认识、内容的认识等是一致的，具体说明如下。

- 对行文宗旨和要点重点等根本性问题的认识是一致的。
- 对中心思想和主要观点等核心性问题的想法是一致的。
- 对工作评价和人事财务等敏感性问题的了解是一致的。

（3）为避免成文之后与发文者的预想相偏离，拟写者在具体写作时，要注意以下几个方面。

- 列明问题，逐一请示：即对发文者交代明确的事项，迅速记录；对不太清晰的事项分条列项，逐条向发文者请示。
- 要点明确，重点突出：是指对于必须得到两个作者一致同意的事项，拟写者需向发文者询问清楚，具体到处理问题有几种方法、主要方法是什么等细节。
- 不明确的事项，请求提供资料：指的是当需要参照上级机关发布的指示性文件或了解公文内容涉及的详细情况时，可及时向发文者请求支援，提供参考资料或写作思路等。

# 本章小结

本章主要向读者介绍了公文的基础知识，具体内容包括：公文的基本常识，如公文的概念、特点和分类；公文写作的知识，如公文写作的作用、结构和表达；公文的写作要求，如公文写作的内容要求、格式要求和基本规律。

通过对本章的学习，读者能够更好地了解公文，并掌握公文写作的相关知识。

# 课后习题

鉴于本章知识的重要性，为了帮助读者更好地掌握所学知识，本节将通过课后习题，帮助读者进行简单的知识回顾和补充。

1. 公文有哪些特点？

2. 公文写作的基本规律是什么？

# 第 2 章

## 公文格式的熟悉

公文的基本格式是公文区别于其他应用文的主要标志，也是公文的权威性、规范性等特性的表现，还是学习公文写作必须掌握的知识。本章将从公文格式的基本知识、构成要素及要求等方面进行介绍。

## 2.1 公文格式的基本知识

公文是一种有着特定效能和格式规范的应用文，其在写作格式上有着与其他应用文不同的特点和要求，本节将具体介绍公文格式的基本知识，让大家对公文的格式规范有初步认识。

### 2.1.1 公文格式的来源

扫码看教学视频

认识公文的格式，可追溯至殷商时期，探究其来龙去脉、发展演变等，具体可从时间发展历程上的几个重要节点进行把握，详细说明如下。

（1）殷商时期：是公文最早产生的时期，以甲骨文的形式出现，记载公共事务，如图2-1所示。

图 2-1　甲骨文公文

（2）先秦时期：公文发展为典、谟、训、诰、誓、命这6种不同名称的公文文种，其格式也各有不同。

（3）秦朝统一时期：公文有区分不同阶层的特定语体和规范样式。

（4）隋唐时期：公文的名称、用纸、用语、收发和封装等格式与规范都有具体的明文规定。

（5）中华人民共和国成立后，公文的文种类型增多，并且国家于2012年印发了《党政机关公文处理工作条例》，对公文写作的格式要求、处理工作等作出了明文规定，推进了公文的科学化、规范化，该条例一直沿用至今。

## 2.1.2 公文格式的作用

扫码看教学视频

公文格式的作用，即公文格式存在的必要性，具体表现在以下几个方面。

### 1. 体现权威与效力

公文是法定机关解决公共事务的工具，其主体的权威性、事务的公共性和实用性决定了公文需要行文内容完整、正确和有效，以便受文对象更好地贯彻执行，而公文格式是确保其权威与效力的必要形式。

### 2. 表现行文关系

公文行文是否正确的一个重要决定因素就是受体与主体的关系是否明确，即分清是上级机关指示给下级机关，还是下级机关呈送给上级机关等。而公文格式要求在公文中对行文主体与受体进行标明，从而使行文关系变得清晰，避免混淆。

### 3. 方便工作的需要

公文是应办公需要而产生的，按照一定的格式进行拟写，可以提升公文处理工作的速度和质量，并且方便人们运用技术来管理公文。例如，公文格式中秘密等级的说明，表明了公文内容的重要程度，其发文字号的标注为公文的归档、查找等工作提供了依据。

## 2.2 公文格式的构成要素

一篇完整的公文，在格式上主要由版头、主体和版记这3个要素构成，这是国家明文规定的公文格式要求。本节对公文格式的3个要素进行具体说明。

### 2.2.1 公文的版头

扫码看教学视频

版头，相当于公文的"头部"，位于公文首页上方三分之一的位置，一般用一条红色横线将其与主体分开。版头包含份数序号、保密设置、紧急程度、发文机关标志、发文字号和签发人等组成要素，下面进行详细介绍。

### 1. 份数序号

份数序号指的是公文总印刷份数中某份的顺序编号，通常被用在有秘密等级的公文中，一般公文不作要求。在进行标注时，一般用6位、3号字体的阿拉伯数字顶格标注在版心（纸张可书写的部分）左上角的第1行，例如000001。

**17**

标注份数序号具有两个作用，一是便于有密级公文的查对和清退；二是便于控制普发性下行文的分发。

### 2. 保密设置

保密设置，即公文内容的重要程度显示，一般会注明秘密等级，例如特密、机密、秘密等，并写明保密期限，其具体的书写格式要求如下。

（1）书写位置：在版心左上角的第2行顶格书写。

（2）书写方法：用3号黑体字，保密期限中的数字用阿拉伯数字进行标注。如果同时写明秘密等级和保密期限，则两者之间可以用"ê"隔开，例如机密ê20年；如果单独标注秘密等级，等级的两个字中间需要空一个字的间隔。

### 3. 紧急程度

紧急程度即公文传达的时间长短，或者待执行的快慢程度。《党政机关公文处理工作条例》中规定："紧急公文应当分别标注'特急''加急'，电报应当分别标注'特提''特急''加急''平急'。"紧急程度一般用3号黑体字书写，并标注在版心左上角。

★ 专家提醒 ★

如果版头中需要同时标注份数序号、保密设置和紧急程度，那么需要按照份数序号、保密设置、紧急程度的顺序从上至下分行进行排列。

### 4. 发文机关标志

发文机关标志，即人们常说的"红头文件"中的"红头"，一般使用小标宋体字，字体颜色为红色，居中排列，遵循醒目、美观和庄重的原则。发文机关标志一般包含发文机关名称、事由和文种这3项要素。其中，发文机关名称是必要元素，事由和文种可以根据需要进行添加，具体有以下3种标注形式。

（1）使用发文机关全称或发文机关规范化的简称加"文件"两字，例如"××省人民政府文件"。

（2）只使用发文机关全称或发文机关规范化的简称，例如"国家发展和改革委员会"。

（3）联合行文时，一般将主办机关的名称排在前面。如果有"文件"二字，应位于发文机关名称的右侧，并以联署发文机关名称为基准上下居中排列。

发文机关的标志应该居中标注，使用字体为小标宋体，字体颜色为红色。

### 5. 发文字号

发文字号，即发文机关按年度为公文编排的序号，包括发文机关代字、年份和发文序号，一般用3号仿宋体编排在发文机关标志下方空两行的位置。有关发文字号的书写注意事项如图2-2所示。

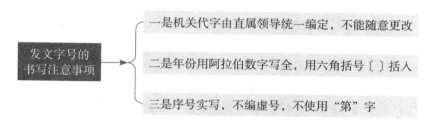

图 2-2　发文字号的书写注意事项

### 6. 签发人

签发人即公文的发出负责人，一般为发文单位的领导，只在上行文中进行标注。其一般用3号仿宋字体注明"签发人"字样，并用3号楷体注明签发人姓名，中间用全角冒号隔开。签发人的具体书写位置分情况而定，详细说明如下。

（1）只有一个签发人时，"签发人"字样和签发人姓名标注在发文机关标志下空两行、居右空一字的位置。

（2）当有多个签发人时（即联合行文时），签发人的姓名按照发文机关的排列顺序从左至右、自上而下依次排列，每行排列两个签发人姓名，回行时与上一行的第1个签发人姓名对齐。

## 2.2.2　公文的主体

主体部分相当于公文的"身体"，是公文的主要部分。主体部分与版头部分用一条红色横线隔开，以示区分，其位于版头与分隔线之下。下面对主体部分的组成要素进行介绍。

扫码看教学视频

### 1. 公文标题

公文标题一般采用2号小标宋体字书写，标注在红色横线下空两行的位置，可分为一行或多行居中编排。一个完整的公文标题主要由"发文机关＋事由＋文种"构成，如图2-3所示，不过有时也会根据公文内容的需要或文种的需求省略发文机关。

联合行文时，多个发文机关的名称用空格隔开，排列整齐、分布均匀，如图2-4所示。如果发文机关的数量超过了4，则在主办机关单位名称后加"等"字表述。

### 2. 主送机关

主送机关即公文的主要受文机关，一般是根据公文内容的需要来注明的，有些公文无须注明主送机关。主送机关采用3号仿宋体，标注在公文标题之下空1行居左顶格的位置。

长政办发〔2024〕1号

**长沙市人民政府办公厅**
**关于推进基本养老服务体系建设的实施意见**

湖南湘江新区管委会，各区县（市）人民政府，市直机关各单位：

图 2-3 完整的公文标题示例

长发改价调〔2024〕7号

**长沙市发展和改革委员会**
**长沙市住房和城乡建设局**
**延续使用《关于加强我市物业服务收费管理的**
**通知》的通知**

图 2-4 联合行文的公文标题示例

当公文发布需要面向多个主送机关时，在主送机关之间需要添加全角的排列符号用来分隔，不同类型和位置的机关单位名称之间使用的排列符号也有要求，具体如图2-5所示。

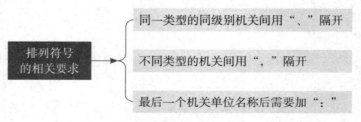

图 2-5 排列符号的相关要求

### 3. 正文内容

正文，即公文的主要内容，是公文的核心部分，也是公文首页必不可少的部分。正文一般采用3号仿宋体，在主送机关的下方开始分段书写，并且每个自然段前空两个字，除了数字、年份之外，回行顶格。

正文的写作结构一般按照开头、主体、结尾3个部分进行布局，其结构层次的序号按层级依次为"一、""（一）""1.""（1）"。

### 4. 附件说明

附件说明是对带附件的公文进行索引说明。其附件材料是对公文正文内容起补充作用的文字、图表和名单等，多附着于公文的正文之后。

附件说明包含公文附件的序号和名称，一般采用3号仿宋体，标注在正文后空1行、居左空两字的位置，写明"附件"字样，并添加全角冒号和附件名称，例如"附件：……"。如果有多份附件，在附件名称前要加上数字序号进行排序。

附件说明的格式要求还需要注意图2-6所示的几点。

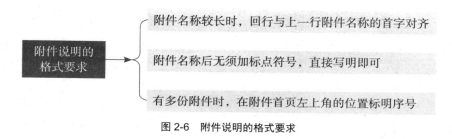

图 2-6　附件说明的格式要求

### 5. 公文落款

公文的落款包括公文的署名、日期和印章这3个要素，如图2-7所示。其中，署名为发文机关的名称；日期为公文的发布日期，即成文日期；而印章则为发文单位的标志。

图 2-7　公文的落款示例

有关公文落款的格式要求具体说明如下。

（1）公文的署名采用3号仿宋体书写，位于正文或附件说明后空1行居右的位置。当联合发文时，两个及两个以上的发文机关单位名称上下编排，长短相同。

（2）公文的日期以发文领导人签发的日期为准，采用阿拉伯数字书写，具体为"×年×月×日"，位于署名之下居右空4字的位置。有些公文如决议、公报、纪要等的日期位于标题之下，并用括号括起来。

（3）加盖印章分为加盖法定机关单位的公章和签发人签名章两种情况。在这两种情况下，单一机关行文和联合机关行文分别有不同的落款格式要求，具体如下。

• 单一机关行文：在加盖单位公章的情况下，其印章以成文日期为准，下压在署名和日期居中偏上的位置，印章顶部距离正文或附件说明1行之内。在加盖个人签名章的情况下，其个人签名章以签发人职务为准，下压在正文或附件说明后空两行居右空4字的位置，下端距离成文日期空1行居左。

• 联合机关行文：在加盖单位公章的情况下，各个发文机关的署名和印章按发文机关的顺序依次平行排列在相应位置，印章与署名一一对应，互不干扰，首排印章应位于距离正文或附件说明后1行的位置，每排印章的两端都不超出版心，并将成文日期标注于最后一个印章居中偏下位置。

★ 专家提醒 ★

在加盖个人签名章的情况下，各个签名章按主办机关签发人在前、其余机关签发人在后的顺序上下排列，每行只排列一个签名章与签发人职务，且各署名和签名章一一对应。

### 6. 附注

附注是对公文的发送、阅读和传达范围等事项的说明，用3号仿宋体书写，位于成文日期的下一行，居左空两字，一般用圆括号括入。

### 7. 附件

附件即附件说明的内容材料，一般在正文另一面首页左上角第1行的位置，用3号黑体字顶格标注"附件"字样和序号。

附件标题一般在附件下空两行的位置居中书写，附件内容与正文内容格式相同，并和正文一起装订。若附件和正文不能一起装订，则必须在附件左上角第1行顶格标注发文字号，其后再标注"附件"字样和序号。

## 2.2.3 公文的版记

扫码看教学视频

版记是公文的"脚部"，位于两条分隔线之间，居上的分隔线用于隔开主体与版记，居下的分隔线用于分隔版记与公文末页。版记有抄送机关、印发机关和印发日期这3个要素，下面对版记的各个要素进行介绍。

**1. 抄送机关**

抄送机关是就公文内容而言，除了主送机关需要知晓之外的其他机关单位，一般在印发机关和印发日期的上 1 行居左空 1 字的位置，用 4 号仿宋体书写"抄送"字样、全角冒号和抄送机关单位名称，如图 2-8 所示。

抄送：驻局纪检监察组　　　　　　　　　　　　　　　　　（共印 5 份）

图 2-8　抄送机关的格式示例

抄送机关有两种特殊情况需要注意，具体说明如下。

（1）当有多个抄送机关需要编排时，各个机关单位名称间用"，"（全角）隔开，最后用"。"（全角）收尾。

（2）当主送机关也被编排到版记时，主送机关的格式和抄送机关的一样，位于抄送机关之上，两者间不加分隔线。

**2. 印发机关**

印发机关，即印发公文的机关，一般用 4 号仿宋体书写在抄送机关之下、末条横线之上居左空 1 字的位置，印发单位名称要用全称或规范化简称。

**3. 印发日期**

印发日期，即公文的付印日期，需要写全年月日，后加"印发"字样，一般用阿拉伯数字书写在位于印发单位名称同 1 行、居右空 1 个字的位置。

# 2.3　公文格式的要求

除了要注意公文格式的 3 大要素，在排版和印装公文的过程中还要注意一些格式上的要求，以便制发规范的公文。另外，有些特殊的公文文种，在写作时也要满足不同的格式要求。

## 2.3.1　公文规范的格式要求

公文规范的格式要求主要体现在用纸、印装、文字格式、行数和页码等方面，遵守这些要求既是公文规范性的体现，也是公文处理中不可或缺的准备工作。这些要求适用于各级党政机关制发的公文，具体如表 2-1 所示。

扫码看教学视频

表 2-1　公文规范的格式要求

| 主要部分 | 格式要求 |
|---|---|
| 公文用纸 | （1）用纸规格为 GB/T 148 规定的 A4 型纸，尺寸为 210mm×297mm；<br>（2）用纸上边距推荐 37mm，左边距推荐 28mm，版心尺寸为 156mm×255mm（据《党政机关公文处理工作条例》规定） |
| 公文印装 | （1）文字为从左至右横排；<br>（2）当印刷公文时，双面打印，左侧装订 |
| 文字格式 | 一般情况下，公文的文字采用 3 号仿宋体，字体颜色为黑色，特定情况下按需调整 |
| 公文行数 | 一般情况下，公文的内容排版为每行排 28 个字、每面排 22 行，特定情况下可以进行适当调整 |
| 公文页码 | （1）页码用 4 号宋体阿拉伯数字标注在版心下边缘的下一行处；<br>（2）表示页码的数字左右各有一条一字线，一字线位于版心下边缘之上 7mm 的位置；<br>（3）奇数页码居右空 1 个字，偶数页码居左空 1 个字；<br>（4）页码标注至正文内容结束的那一面，空白页和版记部分均不标注页码，若将附件与正文一起装订，则一起编排页码 |

★ 专家提醒 ★

关于公文文字的使用，在少数民族自治的地方，可以采取汉字和少数民族文字并用的方式；少数民族的文字方向按其使用习惯编排。

## 2.3.2　特定公文的格式要求

信函、命令（令）和纪要这3种公文在公文的版头、主体和版记上有其特定的格式要求，因此在写作时要格外注意，具体的格式要求如表2-2所示。

扫码看教学视频

表 2-2　特定公文的格式要求

| 公文文种 | 格式要求 |
|---|---|
| 信函 | （1）发文机关标志用红色小标宋体居中书写在上页边缘之下 30mm 处；<br>（2）发文机关标志下印有两条 170mm 长的红色双线：上条红色双线上粗下细，位于发文机关标志下 4mm 处；下条红色双线上细下粗，位于下页边缘之上 20mm 处，两条红线均居中编排；<br>（3）份数序号、保密设置和紧急程度自上而下分行排列于第一条红线下，居左顶格书写；<br>（4）发文字号右顶格书写在第一条红线下；<br>（5）标题居中编排于上一个要素之下空两行的位置；<br>（6）版记只有抄送机关一个要素，并且不加分隔线；<br>（7）首页无须标注页码 |

续表

| 公文文种 | 格式要求 |
| --- | --- |
| 命令 | （1）发文机关标志用红色小标宋体居中书写在上页边缘之下 20 mm 处；<br>（2）令号位于发文机关标志下空两行居中的位置，在令号下空两行的位置开始书写正文；<br>（3）签发人职务、签名章和成文日期的格式按照前面的叙述书写 |
| 纪要 | （1）发文标志用红色小标宋体书写在上页边缘之下 35 mm 处；<br>（2）出席人员名单标注在正文或附件说明之下空一行左空 2 字处，"出席"字样用 3 号黑体字书写，后加冒号，出席人单位和姓名用 3 号仿宋体书写，回行与冒号对齐 |

# 本章小结

　　本章主要向读者介绍了公文格式的相关知识，具体内容包括：公文格式的基本知识，如公文格式的来源和作用；公文格式的构成要素，如公文的版头、主体和版记；公文格式的要求，如公文规范和特定公文的格式要求。

　　通过对本章的学习，读者能够更好地了解公文的格式，并掌握公文格式的构成要素和相关要求。

# 课后习题

　　鉴于本章知识的重要性，为了帮助读者更好地掌握所学知识，本节将通过课后习题，帮助读者进行简单的知识回顾和补充。

　　1.公文格式的作用有哪些？

　　2.公文的主体由哪些要素组成？

# 3

# 第 3 章
## 公文的写作与处理

　　在公文的写作过程中，拟写者可以了解一些写作技巧和常见问题，从而写作出可读性强的公文。另外，公文处理是公文工作中不可或缺的一环，了解公文处理的相关制度和方法，也可以帮助拟写者提高公文的规范性。

# 3.1　公文写作的技巧

　　无论哪一种文章，都是以可读性为评判标准的，公文也不例外。而公文作为应用文的一种，虽然对拟写者的文采要求不高，但也可通过掌握一些写作技巧来提高公文的可读性。本节就提高公文的可读性进行写作技巧的点拨。

## 3.1.1　公文定位的明确

　　写作公文时，首先要明确公文的定位，具体从公文的3个基本要素——拟写者、受文者和公文内容着手。

扫码看教学视频

### 1. 定位拟写者

　　拟写者是公文的主要写作者，在拟写公文之前，需要拟写者对自身具有明确的定位，具体如图3-1所示。

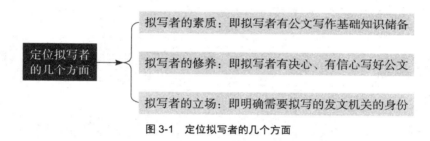

定位拟写者的几个方面

拟写者的素质：即拟写者有公文写作基础知识储备

拟写者的修养：即拟写者有决心、有信心写好公文

拟写者的立场：即明确需要拟写的发文机关的身份

图 3-1　定位拟写者的几个方面

### 2. 定位受文者

　　受文者（也称为受文对象），却公文的读者。为了顺利达到公文的目的，写作公文时必须考虑受文者这一要素，明确其关注什么内容、想听什么内容。具体从把握受文者的想法和与受文者互动两个方面来明确。

　　（1）把握受文者的想法

　　以述职报告为例，其写作的目的是向领导汇报工作情况，让领导知晓其履职情况并作出评定，其中履职情况便是领导最想知晓的内容。那么在具体写作时，拟写者就应该将述职者的职责、工作执行情况及主要成就等写清楚。

　　（2）与受文者互动

　　以讲话稿为例，其写作的内容是领导在某个会议或某个论坛上就相关内容作出的讲话，要求"说者有意，听者有心"，这样才能更好地让讲话发挥作用。那么，在写作讲话稿时，就应该介绍会议情况，增加与参会人员的互动，例如使用"今天在座的各位……"等句式进行互动。

### 3. 定位公文内容

定位公文内容，指的是在写作之前，需要明确公文需要写什么、为什么而写及采用什么样的形式来写这3个方面的内容，具体如图3-2所示。

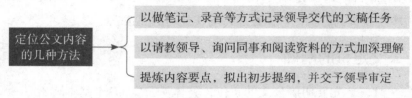

图 3-2 定位公文内容的几种方法

## 3.1.2 公文内容的承接

扫码看教学视频

公文内容的承接，指的是在公文写作的定位明确之后，需要对收集来的相关资料进行内容的比对与筛选、组合与承接，并按照公文写作的结构连贯成文。内容承接包括筛选材料与衔接内容两个方面，具体如图3-3所示。

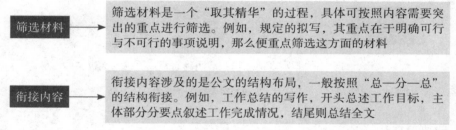

图 3-3 公文内容承接的写作技巧

## 3.1.3 写作思维的转变

扫码看教学视频

写作思维的转变，指的是在写作公文时，拟写者需要建构一套思维，由最初的将公文写成的思维，转变为将公文写快的思维，再转变为将公文写好的思维，这是拟写者写作一篇优秀公文必经的思维转变。

要达到公文写作思维的转变，则需要拟写者认真经历这3个过程。下面就思维转变的这3个过程进行详细介绍。

### 1. 写成的思维

初学者在写作公文时，可能会因为公文丰富的种类、规范的格式等因素产生畏惧心理，即便知晓了内容也不知道该如何下笔。此时，便需要拟写者给自己建构一个可以写成的思维，即给自己一个写作的信心。

拟写者可以先在脑海里建构一篇完整的公文，具体到公文首页应当有哪些内容，这些内容放置在哪个位置等，然后将脑海中建构的这篇公文书写到纸上，作为初稿，在其基础上不断修改和完善。

### 2. 写快的思维

当拟写者有了一定的公文写作实战经验之后，需要重新建立一套将公文写快的思维，以确保公文的时效性和完成写作的高效性。为了实现这一思维的转变，拟写者可以掌握一些方法，具体如图3-4所示。

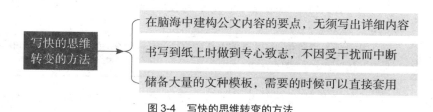

图 3-4　写快的思维转变的方法

### 3. 写好的思维

当拟写者积累了一定的写作经验之后，要及时转变为将公文写好的思维，这样不仅能够写出有可读性的公文，还能写出高质量的、有深度和广度的公文。而要实现这一思维的转变，则需要拟写者加强对自身的要求，做到以下几点。

（1）树立高标准，严于律己，对写作的每一篇公文都竭尽全力地做到高规格。

（2）时刻保持学习，进行广泛的阅读，积攒相关的内容素材，多与优秀的拟写者交流和学习。

（3）积累实践经验，多练习写作，多实战，做到熟能生巧；多进行实地考察，以第一手资料提高公文内容的说服力。

## 3.1.4　公文语言的运用

扫码看教学视频

公文的规范化与庄重性限定了公文写作的语言，使用简明、概括性强的语言更有助于公文的写作。下面归纳整理出了一些公文写作的常用语言，以帮助大家更好地写作公文，具体如表3-1所示。

表 3-1　公文写作的常用语言

| 用途 | 常用语言 |
| --- | --- |
| 描述成果 | 描述工作成果可按照"具体的工作业务＋词句"的形式，词句有"更加……""显著……""取得新突破""呈现新气象"等 |
| 陈述问题 | 对工作存在问题的描述可按照"问题要点＋词句"的形式，词句有"……未及时解决""尚存在……""亟待……""……迫在眉睫"等 |

| 用途 | 常用语言 |
|---|---|
| 说明举措 | 对解决问题的举措进行说明可按照"词句＋具体举措"的形式，词句有"坚持……""紧扣……""提档升级""统筹发展"等 |
| 概括必要性 | 对公文写作的缘由或内容的必要性进行陈述，可以在句中使用特定词语，如"大局需要""迫切需要""必然要求""有效途径"等 |
| 表示礼貌 | 在希望类与请求类公文中，使用表示礼貌性的语言，例如祈请类的"望请""望即""务求""恳请"等，客套类的"愚拙""贵""承蒙"等 |
| 表示时间 | 对于无法用精确数字表示的时间，可使用"不日""日内""即日""兹将""业已"等词语 |
| 用作发言 | 在讲话类文稿中，通常情感表达较多，常用语言有"守护初心""成风化人""水天一色""红瓦绿树"等 |

上述常用语言的归纳是按照公文文种的使用频率进行的，只列举了部分语言，大家可作为参考，以便更快捷地写作公文。

## 3.1.5　行文关系的规范

扫码看教学视频

公文的行文，有着特定的秩序。一般来说，只有按照一定的规定或准则来行文，才能维护各级各类机关间行文秩序的规范性。

公文行文的规范性可以从3个方面来进行考虑：一是公文行文上下关系的规范；二是公文行文方向与方式的规范；三是公文行文规则的规范。下面对这3个方面进行说明。

### 1. 公文行文的上下关系

公文行文的上下关系，取决于发文机关与受文机关的相互关系，它是对公文往来关系的总称，通常由机关的组织关系、领导关系和职权范围来决定机关之间的公文发文者和受文者。

常见的行文关系有两类：一类是国家行政机关的行文关系，是指地方各级人民政府服从国务院（中央人民政府）；另一类是党的各级组织的行文关系，是指下级服从上级和全党服从中央。

### 2. 公文行文的方向与方式

基于行文关系的不同，公文的行文方向和方式也有着根本区别。一般来说，可以将机关之间的公文往来分为上行、平行和下行3个方向，并在各级各类机关工作需要的基础上，产生了公文的3大行文方式，即上行文、平行文和下行文。另外，泛行文也是一种重要的行文方式，只是这种行文方式没有特定方向。

（1）上行文

上行文，即自下向上行文，是指下级机关或业务部门向所属上级机关或业务主管部门行文的方式。根据公文发受双方之间的关系，上行文可以分为逐级上行文、多级上行文和越级上行文这3种类型。其中，逐级上行文是公文往来中最基本、最常见的一种行文方式。

（2）平行文

与上行文和下行文不同，平行文的文件发受机关之间并不是领导与被领导、隶属与被隶属的关系。平行文的往来存在于同级机关或不相隶属的、没有领导与指导关系的机关之间。

（3）下行文

在行文方向上，下行文与上行文恰好相反，是上级机关或业务主管部门对所属下级机关或业务部门行文的方式。基于不同的发文目的和要求，下行文也有3种不同的行文方式，即逐级下行文、多级下行文和越级下行文。

（4）泛行文

泛行文，强调的是行文范围的广泛性。这种公文与上述3类有特定行文方向的公文不同，它面向的是社会，其受文对象是社会群众，并且这种行文方式没有特定的主送机关。

### 3. 公文行文规则

公文是各级各类机关、社会团体和企事业单位等用于办理公务的应用文，这些依法成立的社会组织之间有着庞大、繁杂的关系，为了保证工作的有序进行和效率的提高，各级机关和部门之间应该遵循一定的行文规则，具体如图3-5所示。

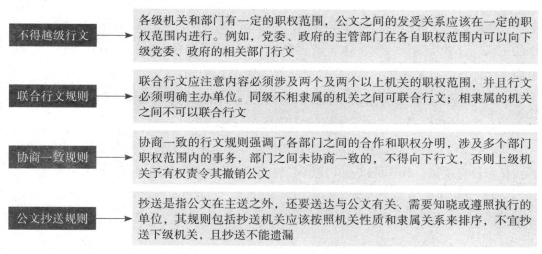

图3-5　公文行文的规则

## 3.2　公文内容的审查

内容审查是对公文写作的内容、语言和格式等方面进行检查，这是拟写者在完成公文写作后需要进行的重要工作。

### 3.2.1　内容区域的"三查三改"

扫码看教学视频

内容，无疑是公文需要进行查改的重要区域，需要遵循立意、措施政策和材料方面"三查三改"的原则，具体如图3-6所示。

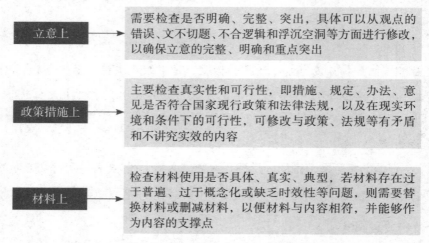

立意上　→　需要检查是否明确、完整、突出，具体可以从观点的错误、文不切题、不合逻辑和浮沉空洞等方面进行修改，以确保立意的完整、明确和重点突出

政策措施上　→　主要检查真实性和可行性，即措施、规定、办法、意见是否符合国家现行政策和法律法规，以及在现实环境和条件下的可行性，可修改与政策、法规等有矛盾和不讲究实效的内容

材料上　→　检查材料使用是否具体、真实、典型，若材料存在过于普遍、过于概念化或缺乏时效性等问题，则需要替换材料或删减材料，以便材料与内容相符，并能够作为内容的支撑点

图 3-6　公文内容的"三查三改"原则

### 3.2.2　语言文字的"三查三改"

扫码看教学视频

公文的内容是由语言文字组成的，它能充分体现公文拟写者的语言文字水平，也是一篇公文内容质量好坏的重要体现。一般来说，只有保证语言文字的正确性，才能确保公文在内容表达和结构上也是正确的。从这一方面来说，公文也应该在篇章、行文和文字部分坚持"三查三改"原则，具体方法如下。

（1）篇章上：主要检查篇章表达的明确度、合理性以及紧凑度，具体可以查找杂乱无章、上下内容脱节、主次详略不当等问题进行修改。

（2）行文上：主要检查行文的语言精练度、语法规则的使用是否正确，以及语言表述是否符合逻辑，具体可以查找用词不当、啰唆累赘或逻辑错误等问题进行修改。

（3）文字上：主要检查文字的使用是否准确、标点符号的使用是否规范等，并对存在的问题进行相应的修改。

### 3.2.3　体式问题的"五查五改"

扫码看教学视频

体式是指公文的体裁格式，是区分公文类型的重要标准。任何一种公文的体式类型都有它独有的特征和标志，因此必须在一些重要组成元素上保证准确无误。

一般来说，需要查改的公文体式问题主要表现在以下 5 个方面。

（1）文种：查看是否与公文内容和行文方向相符，如果有问题，应立即更正。

（2）标题：在内容契合、组成要素和编排要求等方面查看是否存在问题，如果有问题，应立即更正。

（3）主抄送单位：查看是否存在缺漏和排序错误，如果有问题，应立即更正。

（4）附件：查看文件是否齐全、编排是否正确等，如果有问题，应立即更正。

（5）附加标记：在一些附加标记（如印发标志、页码等）上，也应该注意其正确性，如有问题应立即更正。

## 3.3　公文写作的常见问题

在写作公文的过程中，容易出现一些内容偏差、语言不当、格式错误等问题，这既会影响公文的质量，又会加重公文审查的工作量。本节对公文写作中的常见问题进行介绍和分析，帮助拟写者了解哪些是错误的写法。

### 3.3.1　内容偏差

扫码看教学视频

常言道"文章以内容为王"，公文也不例外，其内容的传达就是公文的核心。然而，在写作公文内容时，若拟写者稍微不注意，就容易导致内容出现偏差，主要表现在主题不明确和材料引用错误两个方面。

**1. 主题不明确**

公文的主题，即公文内容的主旨，是公文传达给受文者的核心内容。主题不明确容易导致公文的整体内容传达错误，从而失去公文原本的效用。那么，什么样的情况容易造成公文主题内容不明确呢？下面对出现这一问题的原因进行详细探讨，具体如图3-7所示。

综上所述，出现主题不明确的错误主要是由于拟写者的误解，因此若要规避这一问题，就需要拟写者在对领导的意图把握、政策法规的深入学习，以及工作情况的了解上多下功夫。

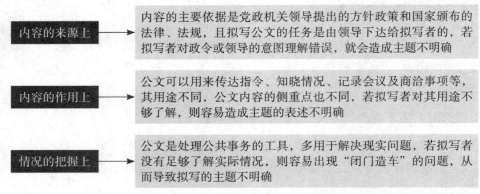

图 3-7　公文主题不明确的原因分析

### 2. 材料引用错误

材料是构成公文内容的主要"养分"，一般是引用国家颁布的法律法规和领导的重要讲话。在引用材料时，需要明确公文的内容，以及材料与公文内容的匹配度，否则容易出现材料引用错误的情况。一般情况下，引用材料容易出现如图3-8所示的3种错误。

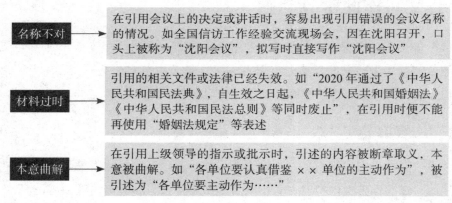

图 3-8　材料引用的 3 种错误

综上所述，材料引用错误主要出现在材料来源的名称、材料的时效性及材料表达的含义等方面，若希望材料更好地服务于内容，则需要拟写者在筛选和组合材料时注意审查这些方面的问题。

## 3.3.2　语言不当

语言是公文内容的必要表现形式，公文的内容得以顺利传达给受文对象主要得益于语言的运用，并且不同的内容需要运用不同的语言进行传达。由于语言本身的模糊性及内容的需求不同，写作公文时，常容易出现用词不准确、数字不规范或标点使用不恰当等语言运用问题。

扫码看教学视频

**1. 用词不准确**

用词不准确，指的是在写作公文时，因为对词语本意不明确，或者对公文所要表达的内涵不明确等原因，而造成的词语误用问题。这类问题常常表现为词语的概念、词语的搭配、逻辑的表述和语气口吻等方面的错误，下面将对这些错误一一进行介绍，以帮助大家明晰并规避相关问题。

（1）词语的概念错误

公文写作中词语表述的概念性错误，通常体现在专有名称的省略、按照文意自己造词和无意识的词语使用错误这3个方面，具体如图3-9所示。

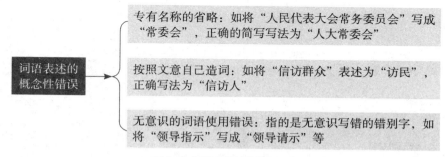

图 3-9　词语表述的概念性错误

（2）词语的搭配错误

在公文写作中，容易出现语法上的错误，即词语的搭配错误，表现在语法结构上如主谓和动宾等搭配上的错误，相关举例如下。

- 在主谓结构上，如将"明文规定了……"表述成"明文实现了……"等。
- 在动宾结构上，如将"加固……校舍"表述成"加固……校园"等。

（3）逻辑的表述错误

逻辑的表述错误，指的是在写作公文的过程中，出现前后逻辑不自恰的问题，存在同一个词语或同一个概念，前文中的表述与后文中表述不一致的情况。例如，前文中陈述"成立了……机构"，后文中提及该机构时表述为"成立了……协会"。

（4）语气口吻的错误

语气口吻，与语言传达出来的情感色彩有关，其错误容易出现在语言的表述，以及书面语和口语的区分两个方面，具体说明如下。

- 语言的表述方面：指在写作公文的过程中，拟写者会根据受文对象来决定以何种方式进行语言表述，如果受文对象不明确或对自身的立场不明确，则容易出现这方面的错误。例如，在请示性公文中使用了"请知悉""特此报告"等语言。
- 书面语与口语的区分方面：指在写作公文的过程中，因为思维的惯性，容易将口语中常用的表述呈现在书面文件中。常见的是年份的表达，如将2022年表述为22年；再如将"三项重点工作"表述为"三个重点工作"。

综上所述，公文的拟写者在运用语言时，应当注意在词义、语法搭配、逻辑表述及表达口吻上加以明确，以确保用词准确。

### 2. 数字不规范

在公文写作中，数字主要用阿拉伯数字和汉字数字两种形式。通常情况下，数值均用阿拉伯数字，而汉字数字用于表述特定的专有名词，如"十一届三中全会"等。

然而，在具体写作中，拟写者容易在陈述时间、陈述百分数和陈述概数这3个方面出现写作错误，导致数字使用不规范，具体如图3-10所示。

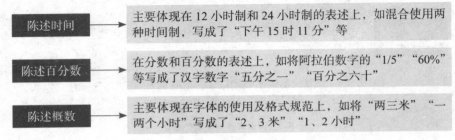

图 3-10　数字不规范的 3 个方面

规范数字的使用，需要拟写者在写作公文时，明确时间、百分数及概数等数字的使用格式规范，分清使用阿拉伯数字与汉字数字的范围。

### 3. 标点不恰当

标点符号是将语言文字组合成篇章时必不可少的要素，具有帮助公文断句、语气停顿及连贯词语等作用，是公文的语言表述与格式规范中不可或缺的部分。在写作公文的过程中，标点符号的用法常常出现以下几种错误。

（1）"点号"的层级不明晰

点号，一般用于表达时的停顿，分为句中点号和句末点号两种，具体如图3-11所示。

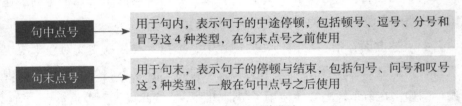

图 3-11　点号的两种类型

依照点号的使用要求，正确的格式应是"句中点号在前，句末点号在后""逗号在前，句号在后"等。但有些公文中，常常出现点号、句号混淆使用的情况。例如，"先认真学习党的指导精神。再依法贯彻……"在这句话中，"先""再"两个字体现句子的连贯，表示句中停顿，应使用逗号，而非句号。

（2）"标号"的功能不明晰

标号，一般起到标记、标明的作用，表示词语的性质或特征等，包括书名号、双引用、圆括号、中括号等类型。

在公文写作中，书名号的使用常因为其功能的不明晰而出现错误，如"建成《人才信息数据库》"，而数据库不属于书名号的应用范围，若为引用的内容，应该使用双引号。

（3）语意语境不明晰

标点符号是服务于语言表达的，其使用需要结合相应的语意和语境。在公文的写作中，拟写者往往因为语意表述或语境不明确而误用标点符号。

以句号的使用为例，如"根据××在××大会上的讲话，指出了……，明确了……工作。且认真贯彻了……"在这句话中，"且"字是一个关联词，表示连贯，暗含一句话未结束，因此在"且"字前应该使用逗号，而非句号。

（4）明文规范不明晰

公文的格式要求是具有明文规范的，在《党政机关公文处理工作条例》中，对一些特定标点符号的使用有明确的规定，主要体现在联合行文时签发领导人署名的点号、发文字号的标号，以及附件说明之后有无标点符号等。

如果拟写者对这些规定不清楚，就容易出现标点符号使用不恰当的情况，如将发文字号的格式写成"中发[2007]5号"或"中发（2007）5号"，正确的格式应为"中发〔2007〕5号"。

在规避标点符号使用错误这一问题时，拟写者要熟悉公文的格式，以及标点符号的使用等知识。其中，《标点符号用法（GB/T 15833—2011）》对汉语标点符号的使用作了明确规定和详细说明，拟写者可以进行学习和掌握。

## 3.3.3　格式出错

文种是指公文不同的文体类型。由于公文的内容不同，因此具有不同的文种表现形式，如请示、报告、通知、意见等，而这些不同的文种形式在具体写作时又有着不同的格式要求。《党政机关公文处理工作条例》对不同文种的适用范围、格式要求等作了明确规定，要求拟写者在写作公文时严格按照规定来拟写。

扫码看教学视频

### 1. 文种混淆

文种混淆是指在写作公文的明确主题阶段，对文种的选择出现错误，或者对特定文种的格式要求不够明确，又或者将类似作用的文种混淆使用，抑或是因公文的主体不明确而出现越级行文的情况等，具体说明如下。

（1）对文种的要求不明确

特定文种的要求，指的是某一文种的格式要求。在具体的公文写作中，容易出现两种错误，具体如图3-12所示。

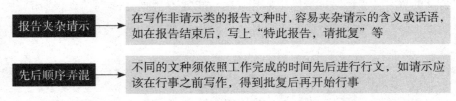

**图 3-12　文种要求不明确的两种情况**

（2）类似文种混淆使用

由于公文内容不同，对文种的需求也不尽相同，但因事务的相似性，某些文种在处理公务的作用方面又有相同之处，如请示与函、通告与公告、请示与报告等，在具体的写作中容易被拟写者混淆，具体示例如图3-13所示。

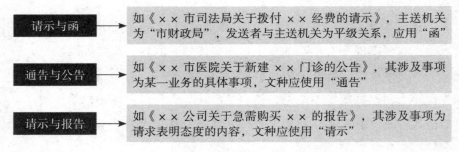

**图 3-13　文种混淆使用的示例**

（3）出现越级行文的情况

公文的行文关系要求比较严格，必须根据各社会组织的层级隶属关系和职权范围来行文，不得越权。若有特殊情况，必须在抄送机关处注明被越过的单位名称。在公文写作中，常出现不属于特殊情况的越权行文错误，如县人民政府直接向省人民政府行文、市人民政府直接向国务院行文等。

### 2. 标题错用

标题在公文中起着点明内容主旨的作用，大部分公文的写作会直接在标题中概括出公文的主要内容，即"事由"。而在具体的写作中，标题容易出现以下几种错误。

（1）标题的要素不完整

一个完整的标题具有三要素，即"发文机关＋事由＋文种"，一般情况下，3个要素缺一不可。要素不完整主要表现在随意缺少发文机关、事由表述不清、文种丢失这3个方面。

（2）隶属关系表述不清晰

在标题中表述上级机关与下级机关的隶属关系时，经常会出现批转类文件与印发类文件上的错误，具体说明如下。

· 批转类文件。批转类文件是指上级机关对下级机关的报告表示认可并传达转发贯彻执行的文件。其不适用于下级机关向上级机关汇报的文件，以及上级机关领导的讲话类文件。例如，《××县人民政府关于批转××市长在××大会上讲话的通知》就出现了批转上级领导讲话的错误。

· 印发类文件。印发类文件要求在制发公文时，发文机关与制发机关必须为同一单位。例如，《××市政府关于印发〈××省政府××文件〉的通知》就出现了错误，因为市政府不能印发省政府的文件。

（3）提炼的标题内容不精简

标题是对公文内容的核心进行概括，需要简明扼要地说明公文内容。例如，《××（机关单位）关于××招收退休子女就业，保障其收入，促进社会稳定的通知》，事由内容涵盖过多，出现了提炼内容不精简的错误，改为《××（机关单位）关于××妥善安排退休子女就业的通知》即可。

（4）标题与内容不相符

公文的标题与内容不相符的错误主要体现在4个方面，具体如图3-14所示。

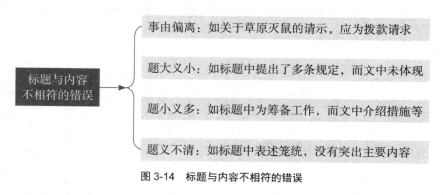

图 3-14　标题与内容不相符的错误

（5）标题的格式不规范

标题的格式不规范主要体现在标题字数过多时的排版和字体字号的使用上。例如，当公文标题的字数过多，一行排不下时，则需要回行，其格式要求回行必须保持词意完整；标题的字体字号为2号小标宋体字，特殊规定的小标题用3号小标宋体字或3号黑体字。

综上所述，拟写者在写作公文标题时应注意标题要素的完整、隶属关系的清楚表述、中心内容的凝练提取及标题格式的规范等事项，认真细致，做到规范行文。

### 3.3.4 其他错误

扫码看教学视频

在公文写作中，稍有不慎还有可能出现如紧急程度滥用、保密设置过于随意、份数序号出错、机关代字弄混、签署与印章失误、附件编排混乱等错误。下面将对这些错误进行详细介绍，以帮助大家明晰并规避。

**1. 紧急程度滥用**

紧急程度是公文处理的时限要求，由紧急到缓急依次可分为特急、紧急和平急这3种。在公文写作中，由于事项被要求快速执行，容易出现滥用紧急程度的问题，主要表现在随意标注公文的紧急程度，如将一般事项设置为"紧急"，或者将紧急事项设置为"特急"。

**2. 保密设置过于随意**

保密设置即根据公文内容的重要程度设置一定的秘密级别，《中华人民共和国保守国家秘密法》明确规定："属于国家秘密的文件、资料，应当依照有关规定标明密级，不属于国家秘密的不应标为国家秘密文件、资料。"因此，各党政机关应确定本单位的保密范围，并设置对应的秘密级别和保密期限，以避免公文的保密设置出现问题。

但由于公文内容的秘密范围没有明文规定，并且各单位和部门涉及事项的不同，容易导致有些保密设置过于随意，例如应该公开的事项设置了加密，或者应该加密的事项设置保密级别不准确等。

**3. 份数序号出错**

根据保密要求，机密及以上的秘密文件必须在每件文件上标明份数序号，并标注在版心左上角第1行顶格的位置。但在具体写作中，有可能会出现未标注的情况，如报告的等级为机密，在版心处未见份数序号。

**4. 机关代字弄混**

机关代字为每一个机关单位的简称或代字，由机关单位领导制定，且一个机关对应一个代字。在公文写作中，容易出现机关代字弄混的问题。例如，将华东师范大学写作"华师大"，与华中师范大学和华南师范大学容易相混淆，正确的简写写法为

"华东师大"。

### 5. 签署与印章失误

签署与印章为公文的落款部分，主要涉及签发人与印章的格式错误，具体如下。

（1）签发人格式。"签发人"字样应使用3号仿宋体，后加全角冒号，签发人姓名使用3号楷体。在具体的写作中，容易出现将"签发人"字样写成"签发"，以及字体统一使用仿宋体或楷体等错误。

（2）印章格式。《党政机关公文工作处理条例》规定："公文中有发文机关署名的单位，应加盖与发文机关单位相符的印章，有特定发文机关标志的普发性公文和电报可不加盖印章。"在具体的公文写作中，大部分落款都有印章，并且应严格按照印章的排布格式进行排版。需要注意的是，不得出现未签署、盖空章、印章所在页无正文的情况。

### 6. 附件编排混乱

附件编排包括主体部分的附件说明，以及正文后附件内容两个方面的格式要求，其常见错误如下。

（1）在主体部分的附件说明上常出现的错误有附件说明与正文内容空多行、附件说明顶格书写、附件说明书写在落款之后，以及书写完"附件："后另起一行等。

（2）在正文后的附件内容上常出现附件中字体字号的错误、标点符号的错误，以及附件内容放置位置的错误，具体说明如下。

· "附件"两个字应该用3号黑体，其顺序号使用阿拉伯数字，后面不加标点。在写作中容易出现"附件"字样为仿宋体或楷体的情况，或者顺序号为汉字数字。"附件"字样后加冒号，如写成"附件一"就是错误的。

· 附件内容的标注写成"附件1、""附件2："，则犯了标注不统一的错误；或者出现附件中的标点和名称用书名号括入，以及名称后加句号结束，如"附件：1.《关于……的名单》。"等错误写法。

· 附件内容应随正文装订，在正文之后，有些公文会将附件编排于版记之后，正确格式为编排在版记之前、正文之后的另一面。

## 3.4　公文的处理工作

在正式提交公文之后，需要经过一系列的处理工作与程序，方可将公文立卷、整理归档。本节将对公文的处理环节与流程进行介绍。

### 3.4.1 了解公文处理

扫码看教学视频

公文的制发有一个处理过程，这一过程中的所有工作环节就是公文的处理环节。下面将从公文处理工作的地位特点、关系分析、组织形式和具体要求等方面进行介绍，以便大家对其有大致的认识。

**1. 地位特点**

在机关工作中，公文的处理是一项非常重要的工作，主要包括公文的发文办理程序、受文办理程序、立卷工作和归档工作这4个部分。一般来说，公文处理工作具有充当助手、连接纽带和方便考察的作用。而公文处理工作的特点，从其地位和要求等角度来说，主要表现在以下5个方面。

（1）就工作地位而言，它是机关秘书部门最主要、量最大的日常工作。

（2）就工作要求而言，它具有时限性、机要性和规范性。

（3）就工作内容而言，它具有很强的政务性，特别是党政机关公文。

（4）就工作环节而言，它的一系列程序和环节处于相互衔接的科学运作状态。

（5）就机构设置而言，它的设置由机关大小、工作繁简和数量多少而定。

**2. 关系分析**

处理公文是各机关、部门的日常工作，需要正确的领导和指导。因此，公文的处理工作存在一定的隶属关系。关于党政机关公文处理工作的领导和指导关系，具体说明如下。

（1）从全国来看，由中共中央办公厅、国务院办公厅分别负责领导和指导党和政府系统的文书工作。

（2）从机关来看，由本机关的秘书长或办公厅（室）主任负责领导工作。

（3）从上下级关系来看，上级机关的办公厅（室）对其下属机关、单位的公文处理工作负有业务指导的责任。

（4）从其他方面来看，机关档案部门对机关的文书工作负有一定的指导责任。

**3. 组织形式**

公文处理工作的组织形式，即一个机关或部门是采取何种形式去组织公文的制定和分发的，这涉及相应机关或部门的机构设置、权力配置和相互关系。

从以上3个方面考虑，公文处理工作的组织形式可分为两种，即集中和分工。而一个机关或部门采用何种形式去完成公文的处理，需要从内到外进行思考。

从外部，公文处理工作的组织形式应该考虑公文之外的各项要素，特别是机关或部门的设置、人员配备和相互间的距离等，具体如图3-15所示。

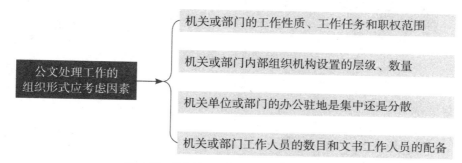

图 3-15 公文处理工作的组织形式应考虑因素

从内部，就是公文本身的情况，这里主要指公文数量。当然，此处的公文数量指的是机关或部门受文和发文的总体数量。若公文的数量较多，明显超过了该机关或部门的工作承载量，就可以考虑采用分工的组织形式进行处理。

**4. 具体要求**

公文处理工作与各级各类机关、社会团体和企事业单位等工作的开展息息相关，因此对公文的处理工作提出了以下6大具体要求，只有坚定地按照这些要求进行，才能保证公文处理的高质量、高效率。

（1）在公文的处理工作中保证准确、周密，确保质量。

（2）对于有密级设置的公文，保守机密，确保安全、可靠。

（3）涉及的所有程序和流程必须实事求是、遵规守纪。

（4）在公文的处理工作中保证时效性，做到及时、迅速。

（5）涉及的整理、归档工作等需集中统一，方便管理。

（6）对于冗杂、烦琐的公文处理注重精简，提高效率。

## 3.4.2 发文的办理程序

发文，即发出公文，是公文经过拟稿、审查及签发之后向受文对象发出公文的程序，包括发文复核、发文登记、公文缮印和公文用印这4个环节，下面对发文办理程序的这些环节进行介绍。

扫码看教学视频

**1. 发文复核**

发文复核，是在正式印制公文之前的最后一次质量检查，通常由秘书部门进行，并重点检查3个方面，具体如图3-16所示。

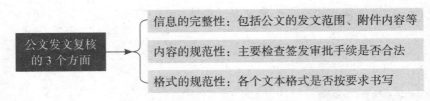

图 3-16 公文发文复核的 3 个方面

如果发现问题需要修改，不能擅作主张修改，需要征求签发人同意，并按照流程审批、签发。

### 2. 发文登记

发文登记，即在公文复核完成之后到被送印之前对公文的备份登记，需要登记其标题、文种、发文字号和发文范围等，以备日后查看。

发文登记遵循同一机关的文件统一进行登记的原则，主要有3种登记方法，如图3-17所示。

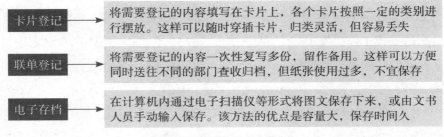

图 3-17 公文的发文登记方法

### 3. 公文缮印

这一环节指的是将审查与登记好的公文印制出来，包括缮印方式的选择与缮印后的文稿校对这两个方面的工作，具体说明如下。

（1）缮印方式的选择

选缮印方式包括手工誊写、机械誊写和印刷这3种方式。各种方式的具体说明如下。

· 手工誊写：即由专门的文书人员手工将公文内容按照原稿进行誊写，是对原稿的高度还原。采用这种方式需要耗费大量的精力和人力，而且工作效率比较低。

· 机械誊写：即使用打印机、复印机等机器将公文原稿呈现出来。这种方式的效率较高，但容易出现字迹模糊的问题，并且对格式排版要求非常高。

· 印刷：即借助专门的印刷机器进行批量生产，需要经过整理文稿、设计格式、制作样式、校对、印制、装订等一系列流程，适用于对数量有要求的文稿缮印。

（2）缮印后的文稿校对

文稿校对，即对缮印出来的成品与原稿进行比对，主要是查看文字、格式等缮印情况，可以按照如图3-18所示的3种方法来进行。

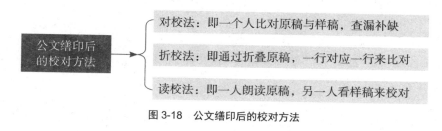

图3-18 公文缮印后的校对方法

### 4. 公文用印

公文印制完成后，还应在公文中加盖印章，以保证公文的权威性和庄重性，这个过程就是公文用印。公文用印并非随手一盖，而是有一定的规范与要求，具体如下。

（1）公文用印的要求

公文用印在应该盖谁的印章、盖印章时需要监印和用印情况需要记录等方面具有严格要求，具体说明如下。

• 公文用印应加盖制发单位公章并签署成文日期，无须机关单位名称，用印需求和用印次数都必须征求领导同意。

• 公文用印时由专门的文书人员监印，并且使用的印模和印版由其保管。

• 公文用印之后必须将印模等迅速退还文书部门，并且必须做好用印记录，以便日后查验。

（2）公文用印的规范

印章使用颜色为红色，需完整、端正、清晰地加盖在指定位置。印章加盖位置分为以下两种情况。

• 单一机关制发公文时，印章加盖以落款处的成文日期为基准，按照"骑年盖月"的标准，即印章位于成文日期中上，其下弧与日期中的月份相切，左下弧与日期中的年份相交。

• 联合机关制发公文时，若加盖两个印章，还是以成文日期为基准，成文日期位于版心左右各空7字的距离，按照主办机关印章在前、其余机关印章在后的顺序，两印章相距3cm内的位置用印下压在成文日期上。若加盖3个或3个以上印章，则按主办机关印章在前、其余机关印章在后的顺序依次排布，一行最多盖3个印章，最后一行若还有两个印章则居中排布，成文日期标注在最后一个印章上，格式与单一机关制发加盖印章的格式相同，注意各印章间互不干扰，并一一排列。

### 3.4.3 受文的办理程序

受文，即相对于发文机关而言的受文单位接收公文，包括公文的收受阶段、审核传阅阶段、承办催办阶段及办毕阶段。下面将对这些阶段进行介绍。

**1. 收受阶段**

收受阶段主要是受文单位对发文单位的公文进行接收，主要有3个流程，具体如图3-19所示。

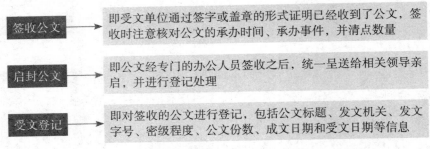

图 3-19　公文收受阶段的 3 个流程

**2. 审核传阅阶段**

审核传阅阶段，即对签收好的公文进行信息核对后传递阅读的阶段。其中，在审核公文这一环节，应重点核对以下几个方面。

（1）接收的公文是否由本机关承办。

（2）接收的公文其文种和格式是否规范。

（3）接收的公文是否符合起草的要求，其事项是否经过讨论与协商等。

若接收到的公文确实不符合要求，可退回发文单位进行处理。若公文审核无误，则公文处理机构根据发文机关领导人的批示或者指示将公文呈送给相关领导人进行审阅。在传阅公文时，应当注意避免漏传、误传和延传。

**3. 承办催办阶段**

承办催办阶段，即公文涉及事项的办理阶段。其中，承办是指在知晓公文涉及事项后进行贯彻执行或答复的环节，分为以下3种情况。

（1）属承办部门职权范围内：这类事项由承办部门直接答复呈文机关。

（2）涉及其他部门业务范围：这类事项应该与涉及的部门进行协商办理。

（3）须报请上级审批：应该提出处理意见或代拟文稿，并报请上级审批。

催办是对公文涉及事项的承办情况进行督促的环节，对于一些较为紧急的事项，定期进行催办督促与随时掌握承办动态具有重要作用。

### 4. 办毕阶段

办毕阶段是指公文办理完成后的"清退"，即将已经办理好的、接收来的公文按期送回给发文机关或指定的相关单位。

## 3.4.4　公文的立卷工作

扫码看教学视频

立卷，是机关文书对已经办理完毕的公文进行整理与保存的一种方式，是公文处理过程中的一个重要部分。下面具体介绍立卷的基本概述、分类标准、程序环节、要求和原则等内容，帮助大家了解立卷工作。

### 1. 立卷的基本概述

立卷，是指在公文的发文和受文阶段，对已经确定好可以保存的公文按照一定的特征和联系进行归纳编排成案卷的过程。做好立卷工作，可以对分散的公文进行科学化、系统化的管理，有助于保持公文间的联系和完善档案工作，既方便查阅，又为公文的归档创造了条件。

### 2. 立卷的分类标准

为力求立卷工作的周密与合乎逻辑，需要对保存的公文按照一定的分类标准立卷。在党政机关公文中，具体从年度特征、组织机构、问题特征和保管期限4个方面进行分类，具体说明如图3-20所示。

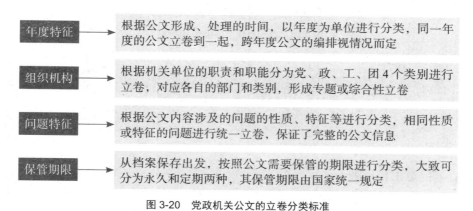

| | |
|---|---|
| 年度特征 | 根据公文形成、处理的时间，以年度为单位进行分类，同一年度的公文立卷到一起，跨年度公文的编排视情况而定 |
| 组织机构 | 根据机关单位的职责和职能分为党、政、工、团4个类别进行立卷，对应各自的部门和类别，形成专题或综合性立卷 |
| 问题特征 | 根据公文内容涉及的问题的性质、特征等进行分类，相同性质或特征的问题进行统一立卷，保证了完整的公文信息 |
| 保管期限 | 从档案保存出发，按照公文需要保管的期限进行分类，大致可分为永久和定期两种，其保管期限由国家统一规定 |

图3-20　党政机关公文的立卷分类标准

### 3. 立卷的程序环节

立卷的程序环节，即立卷的具体工作，包括分类和组卷两大类。其中，分类按照上述分类标准进行。在具体操作中，立卷工作主要包含4个环节，具体如下。

（1）立卷的准备

立卷的准备，就是编制归卷类目录，具体是将当年度形成的文件材料，包括本机关的材料和其他机关的材料，按照归卷类目录进行整理与保存。

（2）平时立卷归档

平时立卷归档，是指将办理完毕的公文及时按照归卷类目录的索引，分门别类地进行归档与保存。

（3）调整与组卷

调整与组卷，指的是第二年度开始时，机关单位人员在平时立卷的基础上按照要求将前一年度的文件组合为年度案卷，并拟写案卷标题，确定保管期限。注意：需要标明卷内文件的起止日期。

组卷，即将归纳好的各个单元文件组合成案卷的过程。组卷可按照各个公文中的相似点，如作者、问题、名称和时间等要素，来构建公文间的联系，从而组成案卷，具体方法如图3-21所示。

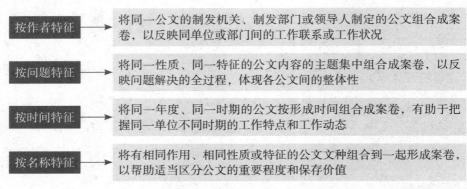

图 3-21　公文立卷工作的组卷方法

（4）编目与装订

编目与装订，是指对立卷进行排列文件顺序、编排文件序号和页码、登记文件目标和备考表、填写案卷封面等一系列的编排工作，最后装订成册，移交相关机关的档案部门归档。

### 4. 立卷的要求和原则

在公文的立卷工作中，需要遵守一定的要求和原则，以便立卷工作的顺利进行。有关立卷工作的要求和原则具体如下。

（1）立卷工作的要求

立卷工作的目的是让各类公文有序排列，方便查找与规范保管。为了达到这一目的，需要按照以下要求进行。

·需要保持各文件间的有机联系，体现出历史关联。

·体现出文件的保存价值，即明确公文的保管期限。

·既要保证其保存完好，又要便于日后的查找与利用。

（2）立卷工作的原则

立卷工作需要遵循联系原则、完整原则、保管原则和利用原则，具体说明如下。

·联系原则：即根据公文自身的特点进行立卷，组合成案卷的各公文间具有某种联系。

·完整原则：即对于立卷的公文，要求其内容是完整的，没有材料的缺失或格式的错误等问题。

·保管原则：指对需要立卷的公文提出保管期限和保管要求的规范。

·利用原则：指立卷的公文可以用作日后公文写作的参考资料或查验凭证。

## 3.4.5 公文的归档工作

扫码看教学视频

归档，是公文处理工作的收尾，是立卷工作中将组卷形成的案卷整理移交档案部门保存的活动。要了解公文的归档工作，需要先了解公文的归档范围、归档时间和归档要求，下面将对这些内容进行详细介绍。

### 1. 公文的归档范围

《中华人民共和国档案法》对公文的归档范围有明确的规定，包括必须归档的文件和无须归档的文件，具体说明如下。

（1）必须归档的文件

党政机关单位内必须归档的文件包括请示、报告、工作总结、工作计划、决定、决议等涉及重要事项的文件资料，以及各种事关机密的照片、录像、电话记录、录音等声像资料。

（2）无须归档的文件

无须归档的文件，是指不予做立卷处理和归档保存的文字资料，具体涵盖以下3类，如图3-22所示。

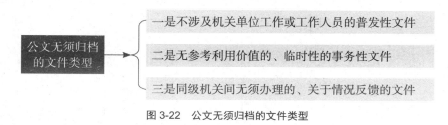

图 3-22　公文无须归档的文件类型

### 2. 公文的归档时间

公文的归档时间，即将案卷移交给档案部门的时间，一般在第二年的上半年。

### 3. 公文的归档要求

为保障公文的保管工作顺利进行，公文的归档具有以下几个要求。

（1）保证案卷文件是严格按照整理、立卷、编目、组卷等一系列流程进行的，这是确保归档工作质量的首要前提。

（2）保证案卷文件的要点齐全，包括文件的种类、份数、内容的完整性等。

（3）特殊情形下的文件，如联合办理的公文，由主办机关归档公文原件，其余机关归档公文副本。

（4）若本机关负责人同时兼任其他机关职务，则在履行其他机关职务过程中产生的文件，由其他机关负责归档。

# 本章小结

本章主要向读者介绍了公文的写作与处理，具体内容包括：公文写作的技巧，如公文定位的明确、公文内容的承接、写作思维的转变、公文语言的运用和行文关系的规范；公文内容的审查，如内容区域的"三查三改"、语言文字的"三查三改"和体式问题的"五查五改"；公文写作的常见问题，如内容偏差、语言不当、格式出错和其他错误；公文的处理工作，如了解公文处理、发文的办理程序、受文的办理程序、公文的立卷工作和归档工作。

通过对本章的学习，读者能够更好地了解写作与处理公文的技巧与方法，为后续运用AI写作公文打好理论基础。

# 课后习题

鉴于本章知识的重要性，为了帮助读者更好地掌握所学知识，本节将通过课后习题，帮助读者进行简单的知识回顾和补充。

1. 公文行文关系的规范性可以从哪些方面考虑？

2. 在公文写作中，常见的语言不当问题有哪些？

# 【掌握方法】

## 第 4 章

## AI写作工具的掌握

人工智能（Artificial Intelligence，AI）写作工具能够根据拟写者的要求轻松完成公文写作任务。本章介绍5个常见的AI写作工具，以及ChatGPT和文心一言的使用方法。

## 4.1 常见的 AI 写作工具

AI写作工具是指用于写作方面的智能编辑器，包括文案创作、软文编写、公文写作、脚本撰写等，大部分与文字书写相关的工作都能够通过AI写作工具来完成。本节介绍5个常见的AI写作工具。

### 4.1.1 ChatGPT

扫码看教学视频

ChatGPT是一种基于人工智能技术的聊天机器人，它使用了自然语言处理和深度学习等技术，可以进行自然语言的对话，回答用户提出的各种问题，并提供相关的信息和建议。

ChatGPT的核心算法基于立卷工作生成式预训练转换（Generative Pre-trained Transformer，GPT）模型，这是一种由人工智能研究公司OpenAI开发的深度学习模型，可以生成自然语言的文本。

OpenAI会定期更新GPT模型，每个版本的GPT模型都是基于不同的技术规范和数据集进行训练的，因此它们在性能、功能和应用方面有所不同。

目前，ChatGPT推出了最新的ChatGPT 4版本，ChatGPT 4所搭载的GPT-4是最新的GPT模型，相较于上个版本ChatGPT 3.5所搭载的GPT-3.5模型有着许多性能上的提升，可以满足拟写者更多的公文写作需求。

### 4.1.2 文心一言

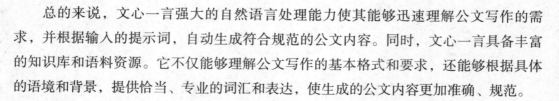
扫码看教学视频

文心一言平台是百度基于文心大模型技术推出的生成式对话产品，它提供了各种素材和写作指导，帮助拟写者更好地进行创作。此外，文心一言平台还提供了一些写作辅助工具，如情感分析、词汇推荐、排名对比等，让拟写者可以更全面地了解自己的作品，并对其进行优化和改进。

总的来说，文心一言强大的自然语言处理能力使其能够迅速理解公文写作的需求，并根据输入的提示词，自动生成符合规范的公文内容。同时，文心一言具备丰富的知识库和语料资源。它不仅能够理解公文写作的基本格式和要求，还能够根据具体的语境和背景，提供恰当、专业的词汇和表达，使生成的公文内容更加准确、规范。

### 4.1.3 iThinkScene

扫码看教学视频

iThinkScene是由iThink平台推出的一款场景化写作工具，它提供了500多个AI写作场景，从自媒体运营到电商营销，从职场办公到娱乐休闲，全面、精准地覆盖了生活和工作的多个场景。另外，iThinkScene还支持拟写者创建自定义场景，从而获得个性化的写作帮助。

针对公文写作，iThinkScene提供了"常用""通知""思想"这3大类，共30多个写作场景，如图4-1所示，拟写者可以进入对应的写作场景，更高效、快速地完成公文写作。

图 4-1　iThinkScene 提供的公文写作场景

## 4.1.4　讯飞星火

扫码看教学视频

讯飞星火是科大讯飞推出的一款人工智能产品，它拥有内容生成、语言理解、知识问答、逻辑推理、数学问题解答、代码理解与生成这7大能力。

在公文写作方面，讯飞星火的多任务长文本生成能力可以根据拟写者的要求生成各种类型的公文内容，并帮助拟写者完成公文的语法检查、要素抽取、语篇归整、文本摘要和情感分析等处理。另外，讯飞星火可以发挥"百科全书"的作用，在写作公文时，如果拟写者对某个概念或者条款不清楚，可以通过讯飞星火进行查询，从而提高写作效率。

## 4.1.5　通义千问

扫码看教学视频

通义千问平台是阿里云推出的一个超大规模的语言模型，具有多轮对话、文案创作、逻辑推理、多模态理解、多语言支持等功能。通义千问平台由阿里巴巴内部的知识管理团队创建和维护，包括大量的问答对和相关的知识点。

据悉，阿里巴巴的所有产品都将接入通义千问大模型，进行全面改造。通义千问支持自由对话，可以随时打断、切换话题，能根据拟写者的需求和场景随时生成对应的内容。另外，拟写者可以根据行业知识和应用场景，训练出自己的专属大模型。

通义千问平台使用了人工智能技术和自然语言处理技术，使得拟写者可以使用自然语言进行提问，同时系统能够根据问题的语义和上下文，提供准确的答案和相关的知识点。这种智能化的问答机制不仅提高了拟写者的工作效率，还可以减少一些重复性工作和人为误差。

## 4.2　ChatGPT 的使用方法

ChatGPT是AI文案的主要生成工具之一，拟写者登录ChatGPT平台后，通过输入相应的提示词（又叫关键词、指令）就可以获得所需的公文，从而实现AI自动化写作。

### 4.2.1　注册和登录ChatGPT

和其他平台一样，ChatGPT平台需要拟写者进行注册、登录后才能正式使用。下面介绍具体的操作方法。

扫码看教学视频

**步骤 01** 搜索并进入ChatGPT的官网，单击Sign up（注册）按钮，如图4-2所示。

图 4-2　单击 Sign up 按钮

**步骤 02** 进入Create your account（创建您的账户）页面，输入相应的电子邮箱地址，单击"继续"按钮，如图4-3所示。

步骤 03 展开"密码"输入框，输入相应的密码（至少12个字符），如图4-4所示，单击"继续"按钮。

图4-3 单击"继续"按钮　　　　　　　图4-4 输入相应的密码

步骤 04 邮箱通过后，系统会提示用户输入姓名并进行手机验证，按照要求进行设置，完成注册后就可以登录并使用ChatGPT了。

## 4.2.2 重新生成公文

完成注册和登录后，会默认进入ChatGPT 3.5版本的平台页面，如果拟写者想使用ChatGPT 4来进行写作，还需要手动进行切换。切换好版本后，拟写者就可以开始创作需要的公文了，如果对ChatGPT创作的公文不满意，拟写者还可以让其重新生成。下面介绍具体的操作方法。

扫码看教学视频

步骤 01 在聊天窗口的左上方，单击ChatGPT 3.5右侧的下拉按钮，在弹出的下拉列表框中选中GPT-4右侧的复选框，如图4-5所示，即可切换至ChatGPT 4版本。

★ 专 家 提 醒 ★

ChatGPT 3.5 版本是免费版本，拟写者只需完成登录就可以使用，但 ChatGPT 4 版本需要购买会员服务才能使用，因此拟写者可以根据自己的需求和实际情况来选择要使用的版本。

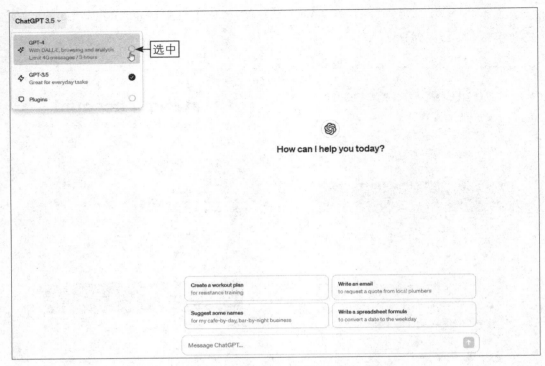

图 4-5　选中 GPT-4 右侧的复选框

**步骤 02** 单击聊天窗口底部的输入框，输入"请帮我写一则通知，内容为由于线路调整，星星小区将于2027年11月5日8点至13点停电，请各位居民做好准备工作"，单击输入框右侧的Send message（发送信息）按钮↑，如图4-6所示。

图 4-6　单击 Send message 按钮

**步骤03** 执行操作后，即可获得ChatGPT生成的通知，如果觉得不满意，可以单击通知下方的Regenerate（再生）按钮↻，如图4-7所示。

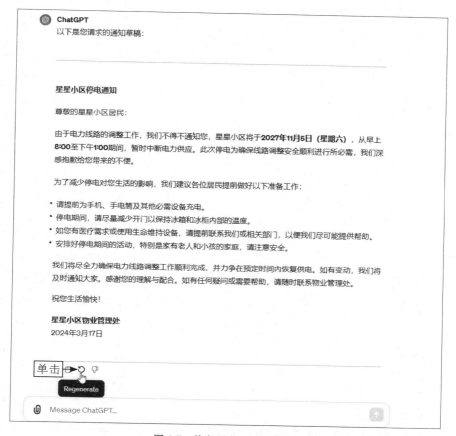

图 4-7　单击 Regenerate 按钮

**步骤04** 执行操作后，即可让ChatGPT重新生成一则通知，新通知的下方会出现页码，如图4-8所示，每重新生成一次就会新增一页，并且前面生成的内容会保留下来，单击页码左右两边的箭头可以分别进入上一页或下一页。

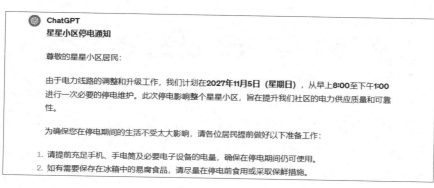

图 4-8

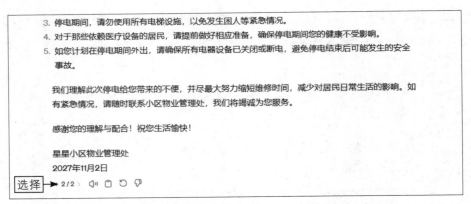

图 4-8　出现页码

## 4.2.3　复制生成的公文

拟写者使用ChatGPT生成需要的公文后，可以将其复制并粘贴到Word、记事本等文档中，进行更多编辑和调整。在复制生成的公文时，拟写者可以通过选择内容的方式进行复制，也可以通过相应按钮进行复制，具体操作方法如下。

扫码看教学视频

**步骤 01** 在上一例的聊天窗口中，通过移动鼠标指针选择重新生成的通知，单击鼠标右键，在弹出的快捷菜单中选择"复制"命令，如图4-9所示，即可复制生成的通知。

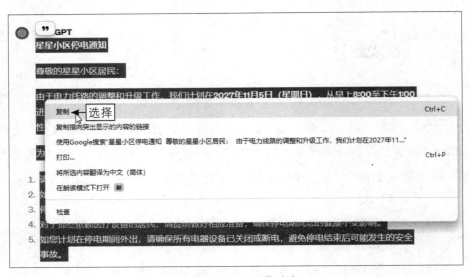

图 4-9　选择"复制"命令

**步骤 02** 另外，在重新生成的通知的下方单击Copy（复制）按钮，如图4-10所示，也可以复制公文。

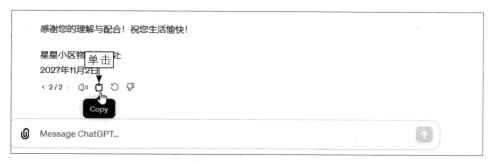

图 4-10　单击 Copy 按钮

## 4.3　文心一言的使用方法

文心一言是百度研发的知识增强大语言模型，能够与人对话互动、回答问题、协助创作，高效、便捷地帮助人们获取信息、知识和灵感。

### 4.3.1　登录文心一言

扫码看教学视频

文心一言是由百度研发的，因此用户只需使用百度账号就可以进行登录，如果用户没有百度账号，注册一个账号也不需要花费太多时间。下面介绍具体的操作方法。

步骤01 搜索并进入文心一言首页，单击页面右上角的"立即登录"按钮，如图4-11所示。

图 4-11　单击"立即登录"按钮

**59**

**步骤 02** 执行操作后，弹出"账号登录"对话框，单击右下角的"立即注册"超链接，如图4-12所示。

图 4-12　单击"立即注册"链接

**步骤 03** 进入百度的"欢迎注册"页面，如图4-13所示，输入相应的用户名、手机号、密码和验证码，选中相应的复选框，单击"注册"按钮，即可完成注册，并自动进入文心一言。

图 4-13　百度的"欢迎注册"页面

## 4.3.2　输入并发送提示词

提示词是拟写者与AI进行交流的重要工具，在文心一言中，拟写者可以使用AI推荐的提示词来体验对话功能，也可以输入并发送自定义的提示词，让AI进行写作。下面介绍具体的操作方法。

扫码看教学视频

**步骤 01** 在对话窗口的输入框中输入"请你生成一个批复的写作模板"，单击输入框右下角的发送按钮 ✈，如图4-14所示，即可将提示词发送给AI。

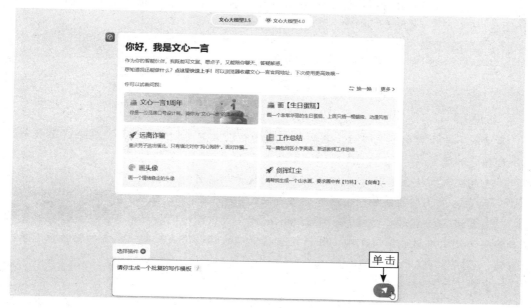

图 4-14　单击发送按钮

**步骤 02** 稍等片刻，即可获得文心一言生成的批复的写作模板，如图4-15所示。

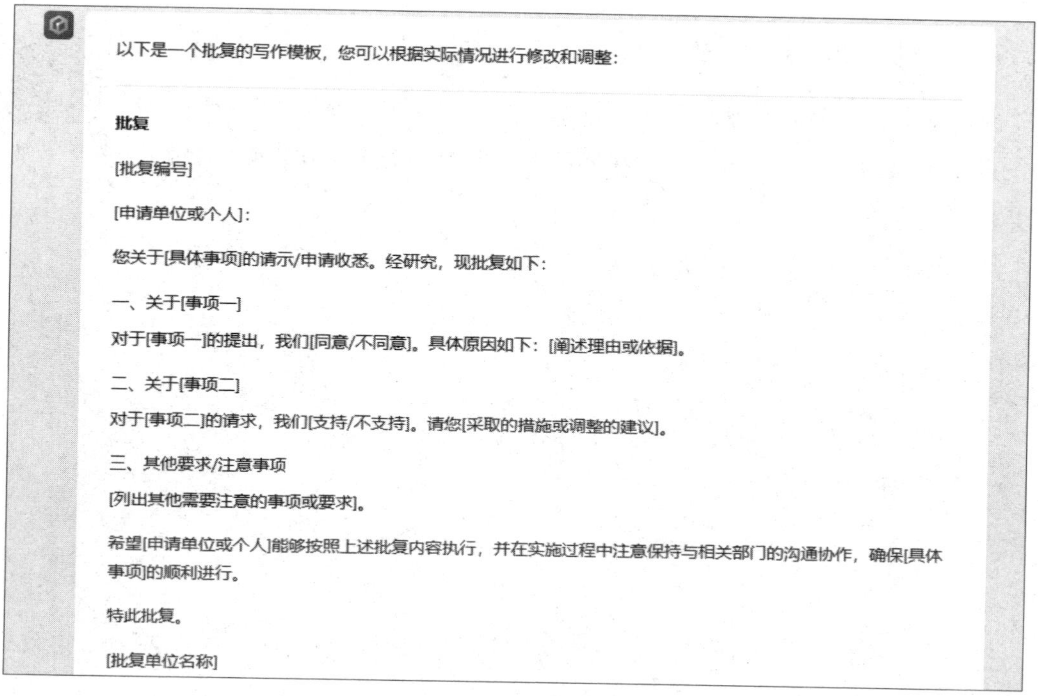

以下是一个批复的写作模板，您可以根据实际情况进行修改和调整：

**批复**

[批复编号]

[申请单位或个人]：

您关于[具体事项]的请示/申请收悉。经研究，现批复如下：

一、关于[事项一]

对于[事项一]的提出，我们[同意/不同意]。具体原因如下：[阐述理由或依据]。

二、关于[事项二]

对于[事项二]的请求，我们[支持/不支持]。请您[采取的措施或调整的建议]。

三、其他要求/注意事项

[列出其他需要注意的事项或要求]。

希望[申请单位或个人]能够按照上述批复内容执行，并在实施过程中注意保持与相关部门的沟通协作，确保[具体事项]的顺利进行。

特此批复。

[批复单位名称]

图 4-15

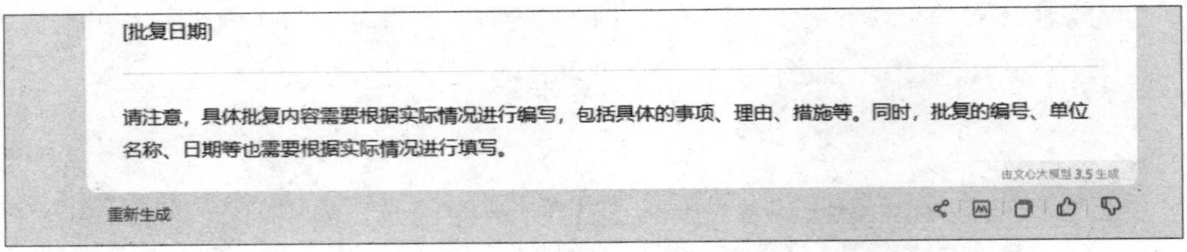


图 4-15　文心一言生成的批复的写作模板

**★ 专 家 提 醒 ★**

在文心一言生成的回复下方，提供了一些按钮，来满足拟写者的其他需求，下面介绍各个按钮的功能。

·“重新生成”按钮：可以让 AI 根据相同的提示词再进行生成。

·按钮：可以将生成的回复通过链接的方式分享出去。

·“复制成 Markdown”按钮：Markdown 是一种轻量级的标记语言，它允许用户使用易读易写的纯文本格式编写文档，并通过一些简单的标记语法来实现文本的格式化。单击该按钮，可以将回复内容转变成 Markdown 格式并复制一份。

·“复制内容”按钮：可以复制 AI 回复的内容。

·按钮和按钮：这两个按钮都代表了用户对回复的反馈。单击按钮表示用户对回复是满意、赞许的态度；而单击按钮则表示用户不满意或不喜欢生成的回复。用户提供反馈，可以让 AI 更好地理解用户的喜好与需求，从而生成更合适的回复。

## 4.3.3　使用提示词模板

扫码看教学视频

文心一言的“一言百宝箱”对话框中提供了一些不同场景和职业经常使用的提示词模板，拟写者可以选择和使用这些模板，快速生成公文。下面介绍具体的操作方法。

**步骤 01** 在新对话窗口的上方单击“一言百宝箱”按钮，如图4-16所示。

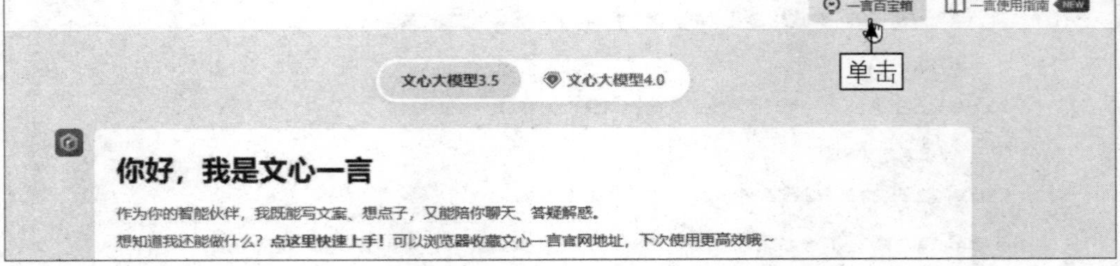


图 4-16　单击“一言百宝箱”按钮

**步骤 02** 执行操作后，弹出“一言百宝箱”对话框，切换至“职业”|“党政机关”选项卡，单击“通知撰写”右下角的“使用”按钮，如图4-17所示。

图 4-17　单击"使用"按钮

步骤 03 执行操作后，即可在输入框中自动填入选择的提示词模板，对括号中的内容进行适当修改，按 Enter 键发送，即可获得文心一言生成的通知，相关提示词和回复内容如下。

**提问**

请作为一名[部门助理]撰写一则通知，通知的主要内容为[邀请部门成员参与公司组织的设计大赛]，要求[表达风格严肃、官方，结构清晰、完整]

**文心一言**

关于邀请部门成员参与公司设计大赛的通知

尊敬的部门成员：

根据公司的年度工作安排，为进一步提升员工的创新能力和设计水平，公司决定举办一场盛大的设计大赛。此次大赛旨在激发员工的创造力和团队合作精神，展示公司的设计实力，同时也是对各位员工专业技能的一次检验与提升。

在此，我们诚挚地邀请部门内所有成员积极参与本次设计大赛。希望各位能够充分发挥自己的设计才华，通过大赛平台展示个人及团队的创新成果。

现将有关事项通知如下：

**一、参赛对象**

本部门全体员工均可报名参加。

**二、参赛要求**

1. 参赛作品需符合大赛主题，具有创新性和实用性；

2. 参赛者需以团队的形式报名，每队人数不超过×人；

3. 参赛作品需在规定的时间内提交，逾期将不予受理。

**三、报名方式**

请有意参赛的员工于××月××日前，将团队名单及作品简要说明发送至部门邮箱。

**四、大赛奖励**

本次大赛将设立多个奖项，对优秀作品及团队进行表彰和奖励。具体奖项及奖励办法将在后续通知中公布。

请各位员工高度重视本次设计大赛，积极参与并努力取得优异成绩。同时，也请各部门领导积极支持员工参赛，为部门增光添彩。

特此通知。

[部门名称]

[日期]

# 本章小结

本章主要向读者介绍了AI写作工具的基础知识，具体内容包括：常见的AI写作工具，如ChatGPT、文心一言、iThinkScene、讯飞星火和通义千问；ChatGPT的使用方法，如注册和登录ChatGPT、重新生成公文和复制生成的公文；文心一言的使用方法，如登录文心一言、输入并发送提示词和使用提示词模板。

通过对本章的学习，读者能够更好地了解AI写作工具，并掌握相关工具的使用方法。

# 课后习题

鉴于本章知识的重要性，为了帮助读者更好地掌握所学知识，本节将通过课后习题，帮助读者进行简单的知识回顾和补充。

1. 用ChatGPT生成一个任免令的写作模板，回复内容如下。

扫码看教学视频

### ChatGPT

**任免令**

根据《中华人民共和国公务员法》（或其他相关法律法规）的规定，经研究决定：

一、任命[姓名]为[单位名称][职务名称]。

二、免去[姓名]的[单位名称][职务名称]职务。

本任免令自公布之日起生效。

[发布机关名称]

[发布机关负责人签字]

[发布日期]

2.让文心一言介绍"议案"这种公文，回复内容如下。

### 文心一言

扫码看教学视频

"议案"是一种特殊的公文类型，它在各级人民政府、权力机关的有关机构及人员以及人民代表中发挥着至关重要的作用。它是这些主体按照法律程序向同级人民代表大会或人民代表大会常务委员会提出并需大会列入议程，进行讨论、审议和决定的议事原案。

议案通常具有特定的格式，其标题一般由提议案人、议案内容及文种组成。这种公文的行文关系及办理程序具有法定性，且其行文内容具有单一性和可行性。这意味着议案的提出、审议和决定都遵循严格的法律程序，其内容必须具体、明确，具有实际可行性。

议案的种类繁多，涵盖了法律、法规案，重要事项案，机构改革、变动案，人事任免案，批准条约案，国民经济发展计划案，财政预算案等多个方面。这些议案都直接关系到国家和社会的发展，因此其制定和审议过程都极为严谨。

值得注意的是，议案须由领导人签署（或加盖领导人签名章），但不加盖机关印章。这一规定体现了议案的特殊性和严肃性，也体现了领导人对议案内容的负责和认可。

总的来说，议案是一种重要的公文类型，它在国家和社会的发展中起着至关重要的作用。通过提出、审议和决定议案，各级人民政府、权力机关及人民代表能够参与到国家和社会事务的管理中，推动社会的进步和发展。

# 5

## 第 5 章
## AI公文写作的方法

  运用AI来写作公文，可以帮助拟写者快速完成工作任务。不过，在进行AI公文写作时，拟写者要根据情况选择适当的方法和提示词。本章主要介绍AI公文写作的优点与不足、举例让AI写作公文和直接让AI写作公文。

# 5.1 了解优点和不足

对于AI公文写作，拟写者不要盲目自信，觉得AI写作出的公文不会有问题，也不要一味地反对这件事，觉得AI写不出来什么东西。拟写者应该深入地了解AI公文写作的优点和不足，以理性、客观的状态来看待它。

## 5.1.1 AI公文写作的优点

在人工智能的浪潮中，让AI帮助自己完成文字工作是一件可行性高并且已经有很多人付诸行动的事，而公文写作就是其中的一种。对刚入职或没有相关写作经验的拟写者来说，让AI来写作公文是完成工作的一个好办法。而且，AI公文写作也的确能够提高工作效率和内容质量，其优点如图5-1所示。

扫码看教学视频

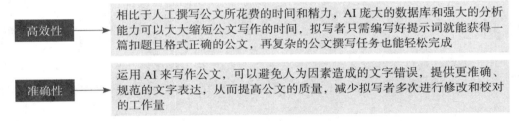

图 5-1 AI 公文写作的优点

## 5.1.2 存在的不足

AI的确能为有公文写作需求的人提供便捷、高效的服务，但拟写者不能只看到优点，也要关注其缺陷。AI在为人们减轻负担的同时，仍然存在着部分不足，如图5-2所示。

扫码看教学视频

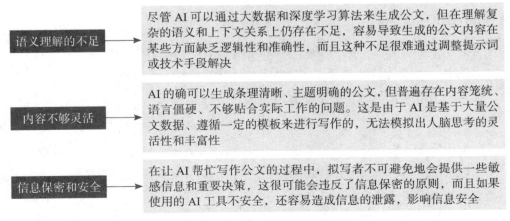

图 5-2 AI 公文写作存在的不足

## 5.2 举例让 AI 写作公文

如果拟写者并不了解要写作的公文，也不知道如何让AI生成自己需要的内容，可以通过举例的方式，在同一个聊天窗口中，先让AI了解和总结公文的格式和要素，并进行仿写，再生成一个写作模板，然后提供相关信息让AI进行写作，最后根据写作出的公文提出修改意见，让AI进行修改。

需要注意的是，AI公文写作一般是指生成公文的标题、主送机关、正文内容、附件说明和落款，因此拟写者在举例时可以只提供范文的主体内容。

### 5.2.1 举例让AI进行总结和仿写

拟写者可以找一篇相同文种、类型的公文，将其提供给AI，让它了解公文的格式和要素，从而为后续的写作打好基础。下面介绍具体的操作方法。

扫码看教学视频

**RI 提问**

> 我将提供一篇批复的范文，请你根据范文总结出批复的格式和要素，并进行仿写
> ××市人民政府办公室关于同意××同志请求辞职请示的批复
> 市规划局：
> 你局《关于××同志请求辞职的请示》（规划[××××]××号）收悉。经市政府办公室党组会议研究，同意你单位与××同志解除聘任关系，请按照有关规定办理相关手续。
> 此复。
> ××市人民政府办公室
> ××××年××月×日印发

**ChatGPT**

> 根据提供的批复范文，我们可以总结出典型的官方批复的格式和要素。
> 1. 标题：由发送方的单位名、关于某事项的简要说明、文档性质组成。
> 2. 称呼：直接指向接收方的单位或个人名称。
> 3. 正文：
>   - 引言段落：提及接收到的文档或请求的名称、编号，并简要说明收悉情况。
>   - 主体段落：描述决策或回应的内容，包括决策的依据、做出的决定，以及需要遵循的规定或步骤。
>   - 结束语：可以是简短的结束词，如"此复"等，表示文档正式结束。

4. 落款：发文单位的全称。

5. 日期：发文日期，通常包括年、月、日。

现在，根据上述格式和要素，我们可以仿写一个例子。

××县教育局关于同意××老师休假请求的批复

县中学：

你校《关于××老师请求休假的请示》（教育[××××]××号）收悉。经县教育局会议研究，鉴于××老师的工作表现及个人情况，同意××老师的休假请求，请依据学校规定和教育政策，安排好相关教学工作并办理休假手续。

此复。

××县教育局

××××年××月××日印发

## 5.2.2  让AI生成公文的写作模板

扫码看教学视频

在AI了解了公文的格式和要素后，就可以让它生成一个格式与要素齐全的写作模板，这样避免最后写作的公文格式错误或要素缺失。下面介绍具体的操作方法。

**RI 提问**

请根据提供的范文和前面总结的格式与要素，生成一个批复的写作模板，要求：要素齐全，格式规范。

**ChatGPT**

以下是一个批复的写作模板，旨在提供一个标准化的框架，以便在需要时填写具体内容。

[发送方单位全称]关于同意[具体事项的简要说明]的批复

[接收方单位或个人名称]：

您（们）的《关于[具体请求内容的描述]的请示》（[文档编号]号）已收悉。经[发送方单位]党组（或其他决策机构）会议研究，[同意/不同意/其他决定]您（们）的请求，具体如下：

[具体决定内容，包括但不限于任何条件、要求或后续步骤。]

请您（们）依据[相关规定或条例名称]，办理[相关手续或后续操作]。

[结束语，如"此复""敬请遵照执行"等]。

[发送方单位全称]

[日期：年月日]

填写说明：

1.[发送方单位全称]：写明发文单位的官方全称。

2.[具体事项的简要说明]：简要说明批复的主要内容或目的。

3.[接收方单位或个人名称]：明确指出接收文档的单位或个人名称。

4.《关于[具体请求内容的描述]的请示》：具体描述接收方提出的请求或需要批复的事项。

5.[文档编号]号：提及的请求或请示文档的官方编号。

6.[同意/不同意/其他决定]：明确批复的决定是同意、不同意还是其他具体决策。

7.[相关规定或条例名称]：提及作出该决策依据的规定、条例或政策名称。

8.[相关手续或后续操作]：指出接收方需要完成的手续或操作。

9.[结束语]：一句正式的结束语，表示文档内容结束。

10.[日期：年月日]：准确填写发文日期。

这个模板旨在为官方批复写作提供一个标准化和规范化的框架，确保所有必要信息都被包含和正确表达。

## 5.2.3 让AI根据信息写作公文

扫码看教学视频

在正式写作公文时，拟写者要提供相关的信息，让AI能够根据信息套用模板进行写作。下面介绍具体的操作方法。

**RI 提问**

请根据以下提供的信息，套用写作模板生成一篇批复。

技术部小徐发现显示器老旧导致色彩显示错误，写了一篇更换显示器的请示，××公司的行政部对此进行了批复，同意了小徐的申请，并要求小徐在购买显示器后保留相关发票

**ChatGPT**

根据提供的信息和之前制定的批复写作模板，以下是一篇具体的批复文档。

××公司行政部关于同意技术部小徐更换显示器的批复

技术部小徐：

您的《关于更换老旧显示器的请示》已收悉。经××公司行政部会议研究，考虑

到您的显示器老旧导致色彩显示错误，对工作造成了影响，我们同意您的申请，允许更换显示器，以保证您的工作效率和质量。

请您在购买新显示器后，保留相关发票，并向行政部提交，以便我们进行后续的财务处理。

此复。

××公司行政部

[填写日期]

请根据实际情况填写具体的日期。

## 5.2.4　让AI对公文进行修改

完成公文的写作后，拟写者还可以让AI对公文进行修改。例如，上一节这篇批复的接收方是公司的员工，涉及的事项也并非机密，因此公文的语气可以稍微柔和一些。另外，拟写者可以添加一些注意事项，提醒员工在使用显示器时要保护自己的视力。下面介绍具体的操作方法。

扫码看教学视频

**RI 提问**

请在保持格式与信息不变的前提下，调整语气，使其不要太生硬，并适当添加一些有关显示器使用的注意事项。

**ChatGPT**

在保持格式和信息不变的前提下，我对批复的语气进行了调整，并添加了一些显示器使用的注意事项，使其更加友好和实用。

××公司行政部关于支持技术部小徐更新显示器请求的批复

亲爱的小徐：

我们已经认真阅读了您提交的《关于更换老旧显示器的请求》，了解到您当前的显示器因年久失修而出现色彩显示不准确的问题。为了确保您的工作效率和成果的质量，我们非常乐意支持您更换新的显示器。

在您选购新显示器时，除了保留相关发票以便财务处理，我们还想提醒您注意以下几点，以延长新显示器的使用寿命并保护您的视力。

1. 选购时考虑护眼功能：选择具有蓝光过滤和无闪烁技术的显示器，以减少对眼睛的伤害。

2. 正确调整亮度和对比度：根据您的工作环境，调整显示器的亮度和对比度，避免眼睛疲劳。

3. 定期休息：长时间工作时，每隔一小时最好离开显示器短暂休息，减轻视觉疲劳。

4. 保持适当距离：使用显示器时，保持与屏幕至少50cm的距离，以保护您的视力。

我们期待您的工作环境得到改善，也希望新的显示器能为您带来更加舒适和高效的工作体验。

再次感谢您对改善工作环境的积极建议，我们始终致力于为每一位员工提供最佳的工作条件。

祝好。

××公司行政部

[填写日期]

这样的调整旨在使批复更加温馨和人性化，同时提供实用的建议，帮助员工更好地使用和维护新的设备。

★ 专家提醒 ★

拟写者首先要找出公文中存在的问题，再通过提示词将这些问题和对公文的要求反馈给AI，让AI对公文进行修改，这个修改的过程可能会反复进行。另外，如果公文中存在的问题比较小，拟写者也可以手动进行修改。

## 5.3　直接让 AI 写作公文

如果拟写者对要写作的公文比较了解，可以直接将公文的格式和要素告知AI，让AI先试写一篇公文，如果无误，就可以正式写作需要的公文了。在正式写作时，拟写者可以将相关信息和写作要求提供给AI，从而让生成的公文更满足需求。

另外，如果公文的格式和要素比较简单，拟写者也可以跳过试写这一步，让AI直接根据信息和要求进行公文的写作。

### 5.3.1　让AI了解公文的格式和要素

拟写者在将公文的格式和要素告知AI时，要注重提示词的编写，做到条理清晰、要点全面，这样才更便于AI理解。下面介绍具体的操作方法。

扫码看教学视频

RI 提问

我将向你提供函这类公文的格式和基本要素，请你仔细了解后，根据这些内容写作一篇函，写作时不要将格式写错。

1. 标题：明确指出文档的性质或目的，一般为"××（发函单位）关于××（事项）的函"或"关于××（事项）的函"。

2. 收件人：列出受函单位或个人，后面加冒号。

3. 正文

（1）引言：简要介绍函件的背景或目的。

（2）具体内容：详细说明事项。

（3）行动号召：对收件人的具体要求或期待行动。

4. 结语：简洁地结束正文内容，如"此函"等。

5. 签名：发函单位或个人的签名。

6. 日期：函件的发布或写作日期，表明函件的时效性。

7. 附件说明：如果函件中提到了附件，应在文末注明附件内容。

ChatGPT

××部关于协助开展全国学生体质健康调查的函

各××××教委：

鉴于当前我国学生体质面临多方面的挑战，××部决定于本年度内开展一次全国范围的学生体质健康调查。本次调查旨在全面了解学生体质健康现状，为下一步制定具体的健康促进政策和措施提供科学依据。

调查内容主要包括学生体质测试指标的收集（如身高、体重、肺活量等）、学生日常饮食和运动习惯的调查，以及学生心理健康状况的评估。我们希望各级教育行政部门和学校能够积极配合，确保调查工作的顺利进行。

具体要求如下：

1. 各地教育行政部门需组织辖区内的学校积极参与调查，确保所辖区域内的所有学校均能覆盖。

2. 学校应指派专人负责此项调查工作，负责人需对调查内容、方法等进行详细了解，并负责本校数据的收集和上报。

3. 所有参与调查的数据需在调查结束后一个月内上报至××部指定的数据收集平台。

希望各级教育行政部门和学校能够高度重视此次调查，积极采取有效措施，确保调查工作的顺利完成。通过本次调查，我们期待能够准确把握我国学生体质健康的现状，为制定更加有针对性的体育教育政策和健康促进措施奠定坚实的基础。

此函。

××部

2024年3月11日

附件：全国学生体质健康调查具体操作手册及数据模板

## 5.3.2　向AI提供公文的内容和要求

扫码看教学视频

在AI了解了公文的格式和要素后，就可以向它提供公文的内容和要求，让它进行写作。下面介绍具体的操作方法。

**RI 提问**

请用上面提供的函的格式和要素，根据下面的信息，写作一篇邀请函，要求：要素齐全，格式规范，研讨会的相关信息用"一、""二、"的形式分条陈列，内容不要出现重复，用"××"代替的内容不要进行改动。

标题为"关于出席××研讨会的邀请函"，受函人为××教授，函件的目的是邀请教授出席××部举办的××研讨会，该研讨会的报到时间为2025年6月24日上午9点，会议将持续4天，在长沙C酒店的6楼605召开，会议的联系人为小李，联系电话为12312312312，发函日期为2025年6月8日。

**ChatGPT**

**关于出席××研讨会的邀请函**

尊敬的××教授：

××部诚挚邀请您出席我们举办的××研讨会。此次研讨会是为了探讨××领域的最新发展和挑战，旨在汇聚各领域专家学者，共同交流思想和研究成果。

研讨会的相关信息如下：

一、报到时间：2025年6月24日上午9点。

二、会议持续时间：研讨会将持续4天。

三、会议地点：长沙C酒店的6楼605。

四、联系人和联系电话：小李；12312312312。

我们期待您的参与能够为研讨会带来宝贵的见解和经验分享。请您在收到此邀请函后，尽快与我们联系确认您的出席意向，以便我们为您提供进一步的会议资料和安排。

此函

××部

2025年6月8日

## 本章小结

本章主要向读者介绍了AI公文写作的方法，具体内容包括：了解AI公文写作的优点和不足；举例让AI写作公文，如举例让AI进行总结和仿写、让AI生成公文的写作模板、让AI根据信息写作公文和让AI对公文进行修改；直接让AI写作公文，如让AI了解公文的格式和要素与向AI提供公文的内容和要求。

通过对本章的学习，读者能够更好地了解AI公文写作的优缺点，并掌握利用AI写作公文的两种方法。

## 课后习题

鉴于本章知识的重要性，为了帮助读者更好地掌握所学知识，本节将通过课后习题，帮助读者进行简单的知识回顾和补充。

1. 请通过举例的方式，让AI写一则通知，通知的对象为A公司全体员工，事项为将每天下班的打卡更改为业绩汇报，通知时间为2025年3月10日，通知隔日起生效，落款为A公司行政部，回复内容如下。

扫码看教学视频

ChatGPT

根据提供的信息，套用写作模板，生成的通知如下。

**关于更改下班打卡为业绩汇报的通知**

A公司全体员工：

为提高工作效率和员工业绩的可视化管理，根据公司管理层讨论决定，自明日起将取消每天下班的打卡制度，改为以业绩汇报的形式进行日终总结。现将具体实施要求通知如下：

一、每位员工需在每日工作结束前，通过公司指定的系统提交当日的业绩汇报，包括但不限于完成的任务、遇到的问题及解决方案等。

二、业绩汇报应翔实准确，反映真实的工作情况，作为考核和改进工作的依据。

三、部门主管需在次日上午审阅所属员工的业绩汇报，并提出指导意见。

四、对于连续三天未按要求提交业绩汇报的员工，将视为违反工作纪律，按公司相关规定处理。

特此通知，希望全体员工能够积极配合，共同推动公司的发展。

A公司行政部

2025年3月10日

请根据实际需要调整和完善通知内容。

2. 请向AI提供命令的格式和要素，并让它生成一篇免职令，内容为F公司董事会集体决定免除小吕的总经理职位，原因是小吕在职期间私自挪用公款进行个人消费，发布时间为2025年的8月4日，回复内容如下。

扫码看教学视频

 ChatGPT

免职令

F公司各部门：

经F公司董事会研究决定，由于小吕在职期间私自挪用公款进行个人消费，现决定免除小吕的总经理职位。免职令即日生效，各相关部门请按此决定执行，并做好相应的工作调整。

F公司董事会

2025年8月4日

6

# 第 6 章

# AI写作工具的测评

本章以写作一篇奖惩性决定为例，对常见的5个AI写作工具进行测评。这5个AI工具并没有优劣之分，本次测评主要是为了展示不同AI写作工具的生成方法和内容生成特点，方便拟写者选择最需要、最合适的工具。

# 6.1 用 ChatGPT 写决定

为了避免出现ChatGPT对奖惩性决定不够了解，生成的公文格式不正确的情况，本案例采用举例的方式进行提问，先让ChatGPT根据范文进行总结和仿写，再生成写作模板，最后生成需要的决定。下面介绍具体的操作方法。

**步骤01** 在ChatGPT的输入框中输入提示词，按Enter键发送，让ChatGPT总结决定的格式和要素，并仿写一篇奖惩性决定，相关提示词和回复内容如下。

**RI 提问**

我将提供一篇奖惩性决定的范文，请你根据范文总结出奖惩性决定的格式和要素，并进行仿写。

关于对违反会议纪律人员的处分决定

××集团各中心、部（室）、属下各单位：

××集团一贯高度重视会议纪律，要求与会人员不得携带手机进入会场。但在××月××日召开集团系统半月工作会议时，××同志仍无视纪律规定，将手机带入会场。

为严肃会议纪律，杜绝类似事件的发生，对照《关于进一步强调集团会议纪律的规定》《××集团干部守则》，经研究决定，对相关人员处分如下：

一、给予集团总裁办××同志降三级工资处分；

二、给予主管领导集团总裁办副主任××同志降三级工资处分。

希望全体员工吸取教训，引以为戒，严格遵守会议纪律。

此决定立即生效。

××集团人力资源中心

××××年××月××日

**ChatGPT**

奖惩性决定的格式和要素主要包括以下几个部分。

1. **标题**：通常明确为"关于……的决定"或"关于对……的处分决定"，指出文件的性质和主要内容。

2. **收件单位或个人**：明确指出文件的接收对象，如"××集团各中心、部（室）、属下各单位"。

3. **背景说明**：简要说明决定的背景，包括相关规定、原因、情况等，比如"××集团一贯高度重视会议纪律，要求与会人员不得携带手机进入会场"和具体违规情况的描述。

4. **违规事实**：详细描述违规行为的具体情况，包括违规人员、违规时间、违规地点和具体的违规行为。

5. **处分依据**：引用相关规章制度或条例，作为处分决定的依据，如"对照《关于进一步强调集团会议纪律的规定》《××集团干部守则》"。

6. **处分内容**：明确列出对违规人员的具体处分措施，包括处分的种类、程度等。

7. **倡导教育**：对全体员工发出倡议，要求吸取教训，引以为戒，严格遵守规章制度。

8. **执行与生效**：明确处分决定的执行要求和生效时间，如"此决定立即生效"。

9. **签发**：文件的最后附上签发单位和日期，正式表明文件的有效性和权威性。

根据上述格式和要素进行仿写的一个例子如下。

**关于对未按规定完成培训任务人员的处分决定**

全体部门、各项目组：

本公司一贯重视员工能力的提升，对所有员工规定必须完成年度培训任务。但在本年度的自我提升与专业技能培训中，发现部分员工未能在规定的时间内完成指定的培训课程。

为保证培训工作的有效执行，确保员工技能水平的持续提升，根据《公司员工培训管理规定》《员工手册》，经研究决定，对未按规定完成培训任务的相关人员处分如下：

一、给予项目开发部××同志记警告处分；

二、给予财务部××同志降低一级绩效评定处分。

希望全体员工从中吸取教训，重视公司规定的培训任务，不断提升个人专业能力。

此决定即日起生效。

公司人力资源部

×××年××月××日

**步骤 02** 在同一个聊天窗口的输入框中输入提示词，按 Enter 键发送，让 ChatGPT 生成一个写作模板，相关提示词和回复内容如下。

RI 提问

请根据提供的范文和前面总结的格式与要素，生成一个奖惩性决定的写作模板，要求：要素齐全，格式规范。

ChatGPT

以下是一个奖惩性决定的写作模板，该模板包括所有必要的要素和规范格式，以便于用户根据具体情况进行填充和修改。

关于对[具体行为]人员的[奖励/处分]决定

[接收对象描述，如"全体部门、各项目组"]：

本[组织/公司]一贯重视[所重视的方针或制度]，对[具体要求]。但[描述违规行为发生的背景和情况]。

为[处分或奖励的目的，如"保证工作的有效执行""鼓励员工积极表现"]，根据[引用的规章制度、条例或原则]，经研究决定，对相关人员[奖励/处分]如下：

一、[具体措施1，如"给予某某部门某某同志奖金""记警告处分"等]；

二、[具体措施2，如需要]。

希望全体员工[倡导的教育意义，如"从中吸取教训""以此为激励"]，[具体的倡议内容，如"重视公司规定的培训任务""不断提升个人专业能力"]。

此决定[执行要求，如"即日起生效""自发布之日起执行"]。

[签发单位，如"公司人力资源部"]

[日期，如"××××年××月××日"]

此模板可以根据实际需要调整，例如增加或减少处分措施的数量，调整背景说明的详细程度等。重要的是保持清晰、严谨的语言和完整的结构，以确保文件的正式性和权威性。

步骤 03 继续在输入框中输入提示词，按Enter键发送，让ChatGPT根据相应信息进行决定的写作，相关提示词和回复内容如下。

RI 提问

请根据下面提供的信息，套用写作模板生成一篇决定，内容不要有重复，不要出现要素名称。

为决定起一个标题，发文对象为公司全体员工，事项为宣传部的员工A在2025年的4月至6月通过远程线上打卡伪造上班记录，实际旷工多达16天，根据《Q公司员工管理规定》和《Q公司员工考勤制度》，对员工A进行辞退，给予宣传部部长B警告处分，并处罚300元，签发单位为Q公司人事部，时间为2025年7月5日，决定即日起生效。

### ChatGPT

**关于对违反考勤规定员工的处分决定**

Q公司全体员工：

Q公司一直严格执行员工考勤制度，确保公平、公正的工作环境。然而，我们遗憾地发现，宣传部的员工A在2025年4月至6月，利用远程线上打卡的方式伪造上班记录，实际旷工达16天。

此行为严重违反了《Q公司员工管理规定》和《Q公司员工考勤制度》的相关规定。

为维护公司纪律，确保所有员工都能遵守考勤规定，经研究决定，采取以下措施：

- 对员工A予以辞退处理，以示对违反考勤规定行为的严肃性。
- 由于宣传部部长B未能有效监督下属，给予其警告处分，并处罚300元。

我们希望全体员工以此为戒，认真对待自己的考勤，维护公司的规章制度。请大家严格遵守考勤规定，共同营造一个公平、公正的工作环境。

此决定即日起生效。

Q公司人事部

2025年7月5日

## 6.2　用文心一言写决定

扫码看教学视频

　　文心一言作为国内的AI写作工具，对公文的相关知识有更深入的了解和认识，因此在写作时，可以跳过仿写这一步，先让它总结决定的格式和要素，并生成写作模板，再直接进行写作。下面介绍具体的操作方法。

**步骤 01** 在文心一言的输入框中输入提示词，按Enter键发送，让文心一言总结和生成决定的格式、要素和写作模板，相关提示词和回复内容如下。

### 提问

我将提供一篇奖惩性决定的范文，请你根据范文总结出决定的格式和要素，并生成一个决定的写作模板，要求：要素齐全，格式规范。

关于对违反会议纪律人员的处分决定

××集团各中心、部（室）、属下各单位：

××集团一贯高度重视会议纪律，要求与会人员不得携带手机进入会场。但在××月××日召开集团系统半月工作会议时，××同志仍无视纪律规定，将手机带入会场。

为严肃会议纪律，杜绝类似事件的发生，对照《关于进一步强调集团会议纪律的规定》《××集团干部守则36条》，经研究决定，对相关人员处分如下：

一、给予集团总裁办××同志降三级工资处分；

二、给予主管领导集团总裁办副主任××同志降三级工资处分。

希望全体员工吸取教训，引以为戒，严格遵守会议纪律。

此决定立即生效。

××集团人力资源中心

××××年××月××日

### 文心一言

决定的格式和要素总结如下。

**标题**：决定的具体名称，通常包括"关于对……的……决定"字样，以明确决定的主题和性质。

**发文对象**：决定所针对的部门、单位或个人，明确决定的影响范围。

**背景描述**：对事件或问题的背景进行简要描述，包括时间、地点、涉及的人员等。

**事实依据**：列举具体的事实和证据，以支持决定的内容。

**决定内容**：明确对涉及人员的奖惩措施或处理意见。

**号召或希望**：对全体员工或相关部门提出要求或希望，以强化决定的执行效果。

**生效时间**：明确决定的生效时间。

**发文机关**：发出决定的部门或机构名称。

**发文日期**：决定发布的日期。

**决定的写作模板：**

关于对[事件或问题简述]的[奖惩性质]决定

[发文对象]：

根据[相关法律、法规或内部规定]，结合[具体事件或问题的发生背景和经过]，经查实，[涉及人员姓名]存在[具体违规或表现优异的事实]。

为[奖惩的目的，如维护纪律、表彰先进等]，经研究决定，对[涉及人员姓名]作出如下[奖惩措施]：

一、[具体奖惩措施一]；

二、[具体奖惩措施二]；

……

希望[发文对象]能够[提出的要求或希望，如引以为戒、继续发扬等]，共同维护[相关秩序或推动相关工作]。

此决定自[生效时间]起生效。

[发文机关]

[发文日期]

**步骤02** 在同一个对话窗口的输入框中输入提示词，按Enter键发送，让文心一言生成需要的奖惩性决定，相关提示词和回复内容如下。

### 提问

请根据下面提供的信息，套用写作模板生成一篇决定，内容不要有重复，不要出现要素名称。

为决定起一个标题，发文对象为全体员工，事项为宣传部的员工A在2025年的4月至6月通过远程线上打卡伪造上班记录，实际旷工多达16天，根据《Q公司员工管理规定》和《Q公司员工考勤制度》，对员工A进行辞退，给予宣传部部长B警告处分，并处罚300元，签发单位为Q公司人事部，时间为2025年7月5日，决定即日生效。

### 文心一言

关于对员工A旷工行为及宣传部部长B管理失职的处理决定

全体员工：

经查实，我公司宣传部员工A在2025年4月至6月，通过远程线上打卡的方式伪造上班记录，实际旷工多达16天。该行为严重违反了公司的工作纪律和职业道德，影响了公司的正常运营和形象。

根据《Q公司员工管理规定》和《Q公司员工考勤制度》的相关规定，经公司研究决定，对员工A进行辞退处理，以维护公司的正常秩序和纪律。

同时，作为宣传部的直接领导，宣传部部长B在管理上存在失职，未能有效监督和管理员工A的出勤情况，导致公司遭受了不必要的损失。因此，根据相关规定，对宣传部部长 B 给予警告处分，并处罚款 300 元，以警示其切实履行职责，加强管理。

希望全体员工能够引以为戒，严格遵守公司的规章制度，共同推动公司的稳健发展。

此决定即日起生效。

Q公司人事部

2025年7月5日

# 6.3　用 iThinkScene 写决定

扫码看教学视频

在iThinkScene中，拟写者可以先选择要写作的公文类型，进入对应的公文写作页面，再输入提示词进行写作。需要注意的是，在第一次生成内容后，拟写者只能输入提示词对生成的内容进行修改和润色，无法继续生成新内容，因此拟写者最好用一段提示词将自己的需求表述完整，让其一次生成。下面介绍具体的操作方法。

**步骤 01** 打开并进入iThinkScene，在左侧的导航栏中选择"公文写作"选项，如图6-1所示，页面右侧会自动滑动至"公文写作"板块。

图 6-1　选择"公文写作"选项

**步骤 02** 在"公文写作"板块中，切换至"通知"选项卡，选择"公文决定"选项，如图6-2所示。

图 6-2　选择"公文决定"选项

**步骤 03** 进入"公文决定"写作页面，在"示例1"下方的输入框中输入提示词，单击"生成 | 仿写"按钮，如图6-3所示。

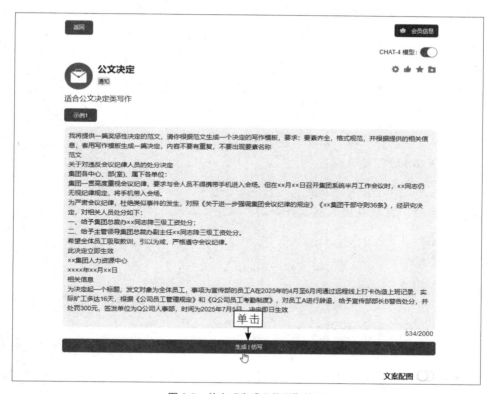

图 6-3　单击"生成 | 仿写"按钮

**步骤 04** 稍等片刻，即可获得iThinkScene生成的写作模板和奖惩性决定的公文，内容如下。

■ iThinkScene

写作模板如下：

[标题]

[接收对象]：

[背景描述]：为[目的/原因说明]，[具体措施/决策]。根据[依据]，经研究决定，对相关人员处分如下：

一、[处分措施一]

二、[处分措施二]

[结语]

此决定立即生效。

[签发单位]

[日期]

**套用模板生成的决定如下。**

**关于对旷工行为的处分决定**

全体员工：

宣传部员工A在2025年的4月至6月，通过远程线上打卡伪造上班记录，实际旷工多达16天。为严肃工作纪律，杜绝类似事件的发生，根据《Q公司员工管理规定》和《Q公司员工考勤制度》，经研究决定，对相关人员处分如下：

一、对员工A进行辞退；

二、给予宣传部部长B警告处分，并处罚300元。

希望全体员工吸取教训，引以为戒，严格遵守工作纪律。

此决定立即生效。

Q公司人事部

2025年7月5日

# 6.4　用讯飞星火写决定

扫码看教学视频

运用讯飞星火写作决定的操作与运用文心一言的操作相似，都是先总结格式和要素，生成写作模板，再根据相关信息进行写作。下面介绍具体的操作方法。

**步骤01** 在讯飞星火的输入框中输入提示词，按Enter键发送，让讯飞星火总结和生成决定的格式、要素和写作模板，相关提示词和回复内容如下。

**提问**

我将提供一篇奖惩性决定的范文，请你根据范文总结出决定的格式和要素，并生成一个决定的写作模板，要求：要素齐全，格式规范。

关于对违反会议纪律人员的处分决定

××集团各中心、部（室）、属下各单位：

××集团一贯高度重视会议纪律，要求与会人员不得携带手机进入会场。但在××月××日召开集团系统半月工作会议时，××同志仍无视纪律规定，将手机带入会场。

为严肃会议纪律，杜绝类似事件的发生，对照《关于进一步强调集团会议纪律的规定》《××集团干部守则》，经研究决定，对相关人员处分如下：

一、给予集团总裁办××同志降三级工资处分；

二、给予主管领导集团总裁办副主任××同志降三级工资处分。

希望全体员工吸取教训，引以为戒，严格遵守会议纪律。

此决定立即生效。

××集团人力资源中心

××××年××月××日

**讯飞星火**

决定范文分析如下。

1.**标题**：关于对违反会议纪律人员的处分决定。

2.**发文对象**：××集团各中心、部（室）、属下各单位。

3.**缘由**：强调会议纪律的重要性，指出违规行为。

4.**依据**：引用相关规章制度。

5.**决定内容**：列出具体的处分措施。

6.**教育意义**：提出全体员工应吸取的教训。

7.**生效时间**：明确决定的立即生效性。

8.**发文单位**：××集团人力资源中心。

9.**日期**：××××年××月××日。

决定写作模板如下。

【标题】

关于[具体事项]的决定。

【发文对象】

[单位名称或部门名称]：

【缘由】

鉴于[具体情况或原因]，根据[相关法律、规章或制度]，为了[目的或原则]，现就[具体事项]作出如下决定：

【依据】

依照[相关法律法规、规章制度的名称或条款]，结合[具体情况或背景]，对[相关人员或部门]采取如下措施：

【决定内容】

一、[具体措施]；

二、[如有其他相关决定内容，继续列出]；

【教育意义】

希望[全体员工或相关部门]以此为戒，严格遵守[相关法律、规章或制度]，确保[目标或原则]的实现。

【生效时间】

此决定自[具体生效时间]起生效。

【发文单位】

[单位名称或部门名称]

【日期】

[年份]年[月份]月[日期]日

请根据实际情况填写模板中的括号部分，以生成符合特定需求的正式决定文件。

**步骤 02** 在同一个对话窗口的输入框中输入提示词，按Enter键发送，让讯飞星火生成需要的决定，相关提示词和回复内容如下。

**提问**

请根据下面提供的信息，套用写作模板生成一篇决定，内容不要有重复，不要出现要素名称。

为决定起一个标题，发文对象为全体员工，事项为宣传部的员工A在2025年的4月至6月通过远程线上打卡伪造上班记录，实际旷工多达16天，根据《Q公司员工管理规定》和《Q公司员工考勤制度》，对员工A进行辞退，给予宣传部部长B警告处分，并处罚300元，签发单位为Q公司人事部，时间为2025年7月5日，决定即日生效

**讯飞星火**

关于对宣传部员工A违规打卡及宣传部部长B监管失职的处分决定

全体员工：

本公司始终重视员工的诚信与责任，强调严格遵守工作纪律。然而，遗憾地发现宣传部员工A在2025年4月至6月通过远程线上方式伪造了上班记录，实际未到岗工作累计16天。该行为违反了《Q公司员工管理规定》和《Q公司员工考勤制度》，损害了公司的利益和其他员工的权益。

经过认真调查并依据相关规定，公司作出以下决定：

一、给予员工A辞退处分。自即日起，解除本公司与员工A的劳动合同关系。

二、对宣传部部长B因未能有效监督管理其部门员工的行为，给予警告处分，并处以300元的罚款。

希望全体员工从此事件中吸取教训，严于律己，恪守职业道德，确保各自岗位的职责得到充分履行。同时要求各部门负责人加强日常管理，严格执行公司各项规章制度，共同营造一个公平、正义的工作环境。

此决定自发布之日起立即生效。

Q公司人事部

2025年7月5日

## 6.5　用通义千问写决定

扫码看教学视频

在使用通义千问写作决定时，提示词和步骤都与其它AI工具是相同的，但由于AI写作工具背后的模型不同，最后生成的决定也会有所差异。下面介绍具体的操作方法。

**步骤01** 在通义千问的输入框中输入提示词，按Enter键发送，让通义千问总结和生成决定的格式、要素和写作模板，相关提示词和回复内容如下。

**提问**

我将提供一篇奖惩性决定的范文，请你根据范文总结出决定的格式和要素，并生成一个决定的写作模板，要求：要素齐全，格式规范。

关于对违反会议纪律人员的处分决定

××集团各中心、部（室）、属下各单位：

××集团一贯高度重视会议纪律，要求与会人员不得携带手机进入会场。但在××月××日召开集团系统半月工作会议时，××同志仍无视纪律规定，将手机带入会场。

为严肃会议纪律，杜绝类似事件的发生，对照《关于进一步强调集团会议纪律的规定》《××集团干部守则36条》，经研究决定，对相关人员处分如下：

一、给予集团总裁办××同志降三级工资处分；

二、给予主管领导集团总裁办副主任××同志降三级工资处分。

希望全体员工吸取教训，引以为戒，严格遵守会议纪律。

此决定立即生效。

××集团人力资源中心

××××年××月××日

### 通义千问

根据提供的范文，我们可以总结出决定的一般格式和主要要素。

**决定的格式及要素如下。**

1. **标题**：明确且简练地表达决定的核心内容，例如"关于对违反会议纪律人员的处分决定"。

2. **受文单位**：列出决定所针对或涉及的组织或个人，通常以"××集团各中心、部（室）、属下各单位："开头。

3. **背景阐述**：说明做出决定的背景事实，指出具体问题及其发生的时间、地点、人物，以及违反的相关规定，如"××集团一贯高度重视会议纪律，××同志仍无视纪律规定，将手机带入会场。"

4. **决定依据**：引用相关规章制度或文件作为处分的法律或制度基础，如"对照《关于进一步强调集团会议纪律的规定》《××集团干部守则36条》"。

5. **处分决定内容**：详细列出对相关人员的具体处罚措施，分条列示，如"一、给予集团总裁办××同志降三级工资处分；二、给予主管领导集团总裁办副主任××同志降三级工资处分"。

6. **期望与警示**：对全体员工提出希望和要求，强调遵纪守法的重要性，如"希望全体员工吸取教训，引以为戒，严格遵守会议纪律"。

7. **决定生效时间**：明确决定的生效日期，即从何时开始执行，如"此决定立即生效"。

8. 发布单位及日期：在文末署名并注明决定发布的具体日期，例如"××集团人力资源中心"，"××××年××月××日"。

基于以上分析，可构建一个决定的写作模板。

**决定标题**

关于[具体事项的]决定

**受文单位**

[单位名称或部门名称]：

鉴于[背景事实描述]，并且按照[相关法律法规或规章制度名称]，经慎重研究决定，就[具体问题]对相关人员作出如下处理：

**一、　处分决定**

1.（第一项具体的处分措施）；

2.（第二项具体的处分措施）。

**二、　希望与警示**

全体成员应从此次事件中吸取教训，严于律己，切实遵守各项规章制度，共同维护良好的工作秩序。

**三、　决定生效**

本决定自公布之日起（立即/指定日期）生效。

**发布单位及日期**

发布单位：（单位全称）

发布日期：××××年××月××日

请根据实际情况替换上述括号内的内容，以满足不同决定场景的需求。

**步骤02** 在同一个对话窗口的输入框中输入提示词，按Enter键发送，让通义千问生成决定，相关提示词和回复内容如下。

🧑 提问

请根据下面提供的信息，套用写作模板生成一篇决定，内容不要有重复，不要出现要素名称。

为决定起一个标题，发文对象为全体员工，事项为宣传部的员工A在2025年的4月至6月通过远程线上打卡伪造上班记录，实际旷工多达16天，根据《Q公司员工管理规定》和《Q公司员工考勤制度》，对员工A进行辞退，给予宣传部部长B警告处分，并处罚300元，签发单位为Q公司人事部，时间为2025年7月5日，决定即日生效。

◈ 通义千问

**标题**

关于对宣传部员工A违反考勤制度予以辞退及对宣传部部长B进行警告处分并罚款的决定

**决定内容**

尊敬的全体员工：

近期查实，在2025年4月至6月，我司宣传部员工A存在通过远程线上打卡的方式进行虚假考勤的行为，实际累计旷工天数达到16天，其行为严重违反了《Q公司员工管理规定》和《Q公司员工考勤制度》相关规定，严重影响了公司正常的工作秩序和诚信文化。

鉴于此，经Q公司人事部深入调查核实，并报经公司管理层审议批准，现就相关责任人做出如下处理决定：

一、根据相关规定，决定即日起解除本公司与员工A的劳动合同关系，对其进行辞退处理。

二、鉴于宣传部部长B在下属管理工作中未能有效监督和制止该违规行为，负有一定的管理责任，特对其予以警告处分，并处以人民币300元的罚款。

在此，公司强烈呼吁全体员工引以为戒，自觉遵守公司各项规章制度，特别是考勤管理制度，确保工作纪律严明，营造诚实守信的工作环境。

本决定自2025年7月5日起立即生效。

**落款**

Q公司人事部

2025年7月5日

★ 专家提醒 ★

本章为了保证测评的客观性，使用了差异比较小的提示词，并且都是采取举例提问的方法。拟写者在实际操作时，可以对提示词进行调整，也可以采用直接提问的方法。

# 本章小结

本章主要向读者介绍了用ChatGPT、文心一言、iThinkScene、讯飞星火和通义千问这5个AI工具写作一篇奖惩性决定的方法。

通过对本章的学习，读者能够更好地了解不同AI工具的使用方法和特点，从而根据自己的需求和实际情况选择相应的AI写作工具。

# 课后习题

鉴于本章知识的重要性，为了帮助读者更好地掌握所学知识，本节将通过课后习题，帮助读者进行简单的知识回顾和补充。

1. T省畜牧兽医学会的理事会于2025年8月任期届满，现在准备在2025年的12月下旬召开第十八次全省会员代表大会，选举新一届的理事会，根据T省社会团体管理的相关规定，需要将换届方案报送至学会的业务主管单位T省畜牧兽医局，并写一封请示，获得同意的批复后才能召开会议。请根据请示的格式和要素，用讯飞星火写一篇请示，请示的时间为2025年12月5日，回复内容如下。

扫码看教学视频

🔥 **讯飞星火**

**标题**：关于T省畜牧兽医学会换届选举的请示

**受文单位**：T省畜牧兽医局

**引言**：

根据T省社会团体管理的相关规定，以及本学会章程的规定，T省畜牧兽医学会的理事会将于2025年8月任期届满。为确保学会工作的连续性和稳定性，我们计划在2025年的12月下旬召开第十八次全省会员代表大会，进行新一届理事会的选举工作。

**正文**：

为此，我学会已制定了详细的换届方案，并准备将该方案报送至贵局审查。在此，我们恳请T省畜牧兽医局对本次换届选举的基本安排予以审查，并在审查通过后给予正式的批复，以便我们能够依此召开全省会员代表大会，顺利完成换届选举工作。

我们承诺将严格依照贵局的指导意见和批复要求，确保换届选举的公正性、合法性，并保障学会事务的顺利进行。

**附件**：

1.T省畜牧兽医学会换届方案

**落款**：

T省畜牧兽医学会

2025年12月5日

2.运用通义千问生成一个事项性通知的写作模板，回复内容如下。

扫码看教学视频

**通义千问**

当然可以。下面是一个适用于企事业单位内部或对外发布的事项性通知的基本写作模板。

关于[具体事项]的通知

尊敬的[接收对象]：

您好！

为了[目的/背景]，现就[相关事项]通知如下。

1.[事项一]

　- [事项一具体内容]；

　- [执行时间/地点/责任人等细节]。

2.[事项二]

　- [事项二具体内容]；

　- [相关要求、标准或操作步骤]。

3.[如有其他事项，以此类推]。

请您务必按照上述要求，于[截止日期]前完成[所需行动]。如有任何疑问或需要进一步说明，请及时与[联系人]（联系方式：[电话/邮箱]）取得联系。

我们期待您的积极配合，共同确保[事项的重要意义]得以实现。敬请相互转告，并严格遵守相关规定。

特此通知。

[发布单位]

[发布日期]

请根据实际情况填充括号内的具体内容，以满足实际通知需求。同时，保持公文的正式性和简洁明了，确保信息传递准确无误。

# 第 7 章
## 运用AI润色公文

　　除了满足拟写者写作公文的需求，AI还可以帮助拟写者对公文进行润色，例如检查内容、改写内容、优化结构等。对公文进行润色可以增强公文的表达能力，提高公文的质量和可读性，从而充分发挥其作用。

# 7.1 检查公文内容

检查公文内容分为两种情况，一种是让AI检查自己生成的公文内容；另一种是让AI检查拟写者写作的公文内容。一般来说，让AI检查自己生成的公文内容，只需在同一个聊天窗口中输入并发送"请检查生成的内容是否有误"即可，因此本节主要介绍运用AI检查拟写者写作的公文内容的方法。

## 7.1.1 检查公文的字词

扫码看教学视频

在拟写者写作公文的过程中，由于输入法和不专心导致出现错字、多字和少字等字词问题是非常常见的。字词问题违背了公文的审查原则，会影响公文的正式性和权威性，严重的还可能导致公文传递的内容出错，影响正常工作。

因此，拟写者完成公文写作后，可以将整篇或部分公文提供给AI，让它帮忙检查存在的字词问题，并进行修改。下面将举例介绍具体的操作方法。

 提问

请帮我检查以下公文内容中存在的错别字

二、区域布局与重点项目

1.区域布局

（1）重点支持具有潜力和特色的县市区，优先发展观光旅游农业。

（2）在山区、水乡和田园等不同的地理环境中布局观光旅游农业示范区。

（3）整合资源，构件农村旅游产业链，形成区域发展合力。

2.重点项目

（1）打造一批生态农庄，提供住宿、餐饮、休闲等多元化服务。

（2）推动特色农产品采摘活动，吸引游客参与亲子互动。

（3）建设农村文化体验中心，展示本地农村文化和工艺。

（4）促进乡村文化旅游和乡村民宿，提高农村旅游接待能力。

文心一言

在检查公文内容后，发现存在一处错别字，即"构件"应为"构建"。以下是修改后的公文内容。

二、区域布局与重点项目

1. 区域布局

（1）重点支持具有潜力和特色的县市区，优先发展观光旅游农业。

（2）在山区、水乡和田园等不同的地理环境中布局观光旅游农业示范区。

（3）整合资源，构建农村旅游产业链，形成区域发展合力。

2. 重点项目

（1）打造一批生态农庄，提供住宿、餐饮、休闲等多元化服务。

（2）推动特色农产品采摘活动，吸引游客参与亲子互动。

（3）建设农村文化体验中心，展示本地农村文化和工艺。

（4）促进乡村文化旅游和乡村民宿，提高农村旅游接待能力。

★ 专家提醒 ★

在运用 AI 对公文进行润色修改时，拟写者可以根据需要选择自己喜欢的 AI 工具。本章选择用文心一言平台来进行操作，是因为它由中文语言模型训练，训练数据主要是中文文本，这使得它能够更深入地理解中文的语境、语义和文化内涵。

## 7.1.2　检查公文的语法

语法错误是公文中经常出现的问题之一，这些错误可能会让受众对公文内容产生误解，降低公文的质量，削弱公文的可读性。拟写者可以让 AI 对提供的公文内容进行检查，找出存在的语法错误，并提供修改建议。下面将举例介绍具体的操作方法。

扫码看教学视频

 提问

请检查以下公文内容是否存在语法问题，如果存在，请说明错误的原因，并提供修改意见。

3. 原则

（1）生态优先原则：保护和修复农村生态环境，维护农村生态安全。

（2）开放包容原则：鼓励多元投资主体观光旅游农业参与开发。

（3）市场导向原则：根据市场需求和旅游季节灵活调整供给产品和服务。

（4）政策支持原则：提供税收、资金、土地、用电等多方面的政策支持。

文心一言

在审查上述公文内容后，可以发现其中第（2）条"开放包容原则"的描述存在语法问题。问题主要出现在"鼓励多元投资主体观光旅游农业参与开发"这一表述上，具体表现为语序不当和成分残缺。

1. **语序不当**：在"鼓励多元投资主体观光旅游农业参与开发"中，"观光旅游农业"作为一个整体概念，应该被作为一个明确的投资领域或方向来提及，而不是将"观光旅游"和"农业"分开，使得句子结构显得松散且不易理解。

2. **成分残缺**：原句中缺少了必要的介词来引导投资主体参与的对象，即投资主体参与的是哪个领域或项目的开发。

**修改意见**：

将第（2）条修改为："开放包容原则：鼓励多元投资主体参与观光旅游农业的开发。"这样的表述既修正了语序问题，又通过添加介词"参与"明确了投资主体参与的对象是"观光旅游农业的开发"，使得句子结构更加紧凑且意义清晰。

# 7.2 改写公文内容

除了对公文内容进行检查，拟写者还可以向AI指出公文中存在的问题，并提供自己的要求，让它根据需求改写公文。

## 7.2.1 精简公文内容

公文并不是字数越多、句式越复杂就越好，太多的文字会让受众产生阅读疲劳，过于烦琐的叙述会让受众难以抓住重点和理解公文信息。例如，在通知中添加太多强调事项重要性和必要性的话语，反而容易让人忽略掉通知的具体事项。

因此，对公文内容进行精简可以提高公文的可读性和专业性，使重点更突出、更清晰。运用AI，拟写者可以轻松完成公文内容的精简，具体操作方法如下。

扫码看教学视频

提问

通知格式的简洁性要求其篇幅一般不宜过长，请根据这个要求，对下面这篇通知的内容进行精简，要求：突出通知的事项。

市教育局关于印发《2027年春季开学工作守则》的通知

各区县教育局、各市直学校、各有关单位：

为确保我市2027年春季开学工作有序、高效、安全进行，市教育局特制定并印发《2027年春季开学工作守则》，现就有关事宜通知如下。

一、充分认识印发《守则》的必要性和重要性

印发《2027年春季开学工作守则》是我市教育系统新学期工作的一项重要举措。开学工作涉及面广，任务繁重，需要各级教育部门和学校的高度重视和精心组织。印发《守则》，旨在明确开学工作的指导思想、基本原则、具体要求和保障措施，为各级教育部门和学校提供行动指南，确保开学工作有序、规范、高效进行。同时，印发《守则》也是提升我市教育质量、加强教育系统内部管理的重要举措。通过明确教育教学、课程设置、教学方法等方面的要求，引导广大教师和教育工作者创新教育理念，提升教学能力，为学生提供优质的教育资源。此外，《守则》还强调了学校管理和学生安全等方面的内容，有助于营造安全、和谐、稳定的校园环境，保障学生的身心健康和全面发展。

二、认真学习和贯彻《守则》精神

各级教育部门和学校要认真组织学习《2027年春季开学工作守则》，深入理解其精神实质和具体要求。要结合实际，制定切实可行的开学工作方案，明确任务分工，落实责任到人。同时，要加强与家长的沟通联系，共同做好学生的开学准备工作，确保学生顺利返校、安心学习。

请各区县教育局、各市直学校和各有关单位认真执行本通知精神，确保我市2027年春季开学工作圆满完成。

附件：《2027年春季开学工作守则》

市教育局

××××年××月××日

## 文心一言

**市教育局关于印发《2027年春季开学工作守则》的通知**

各区县教育局、各市直学校、各有关单位：

为确保我市2027年春季开学工作有序、高效、安全，市教育局特制定并印发《2027年春季开学工作守则》。请各单位充分认识印发《守则》的必要性和重要性，认真学习和贯彻其精神，加强监督和检查，确保开学工作圆满完成。

附件：《2027年春季开学工作守则》

市教育局

××××年××月××日

## 7.2.2　修改公文标题

扫码看教学视频

　　于公文而言，标题是其文种和内容的体现。因此，一个好的公文标题应该简洁、直接，并符合公文内容。另外，像发言稿、调查报告等公文，标题在简洁、直接和符合公文内容的前提下，可以适当地进行一些设计，增强标题对内容的概括力。

　　公文标题的常见问题有文不对题、要素缺失、成分多余等，下面以让AI修改成分多余的公文标题为例，介绍具体的操作方法。

### 🔲 提问

下面这篇请示的标题中有多余的成分，请对其进行修改，使标题简洁、直接，符合公文内容。

关于开展××××年市级应急演练项目实施××××年××市农机事故应急救援预案演练工作的请示

××市人民政府：

根据××市人民政府办公厅关于开展××××年市级应急演练项目的通知精神，我局已制定了××××年××市农机事故应急救援预案演练工作程序，请市政府批准实施。

附件：

1.××××年××市农机事故应急救援预案演练工作程序

2.××××年××市农机事故应急救援预案演练现场会议程

××市农业机械化管理局

××××年××月××日

### 🔲 文心一言

修改后的标题为：

**关于实施××××年××市农机事故应急救援预案演练工作的请示**

修改理由：

原标题包含了较多的冗余成分，使得标题显得冗长且不够直接。在修改后的标题中，我们保留了"关于实施"作为开头，直接点明了请示的主要内容是"实施"某项工作。接着，我们明确了要实施的具体工作是"××××年××市农机事故应急救援预案演练工作"，这样的表述既简洁又直接，符合公文标题的要求。同时，我们也去掉了原标题中的"开展×××年市级应急演练项目"这一冗余部分，使得标题更加精炼。

## 7.2.3 分条列项进行表述

扫码看教学视频

分条列项指的是在回答问题或表述内容时，一条一条地逐项列出存在的要点、错误或问题。这种方式有助于使内容更加清晰、有条理，便于受众理解和记忆。拟写者可以借助 AI 对公文中的某些内容进行改写，使其重点更突出，具体操作方法如下。

### 提问

下面是《开心小学图书馆借阅守则》的部分内容，请用分条列项的方式对其进行改写，可以适当进行内容的扩充，不需要生成完整的守则内容。

一、目的

制定图书馆借阅守则是为了保障图书馆的资源合理利用，维护图书馆的秩序，保护图书馆的资源安全，建立良好的借阅氛围，提升图书馆的服务质量。

### 文心一言

《开心小学图书馆借阅守则》部分内容的分条列项改写如下。

一、目的

1. 保障合理利用图书馆资源：制定借阅守则旨在确保图书馆的各类资源能够得到公平、合理的分配与使用，从而满足广大师生的学习和阅读需求。

2. 维护图书馆秩序：通过规范借阅行为，营造安静、整洁、有序的借阅环境，为师生提供良好的学习空间。

3. 保护图书馆资源安全：借阅守则的制定有助于增强借阅者的保护意识，防止图书丢失、损坏等问题的发生，确保图书馆资源的完整性和安全性。

4. 建立良好的借阅氛围：通过制定明确的借阅规则和要求，促进借阅者之间的友好交流和互助合作，共同营造积极向上的借阅氛围。

5. 提升图书馆服务质量：通过不断完善借阅守则，提高借阅者的满意度和获得感，进而提升图书馆的整体服务质量，为师生提供更加优质的学习支持。

## 7.3　优化公文结构

　　公文结构是指一篇公文的布局方式，包括内容安排和段落划分等方面。优化公文结构可以突出重点信息，提升公文的可读性和受众的阅读体验。

### 7.3.1　提炼段落主题句

　　主题句是指段落中的核心句，通常出现在段落的开头。它高度概括了段落的主要观点，可以清楚、直接地表达段落主题。AI可以根据段落的内容提炼出相应的主题句，让公文内容的重点更突出，具体操作方法如下。

 **提问**

请分别提炼出下面3段公文内容中的主题思想，用不超过10个字、语意完整的动宾式短句进行表述。

根据G市的地理环境、人口分布和污染源情况，科学规划监测站点布局，确保监测数据能够全面反映全市的空气质量状况。同时，增加移动监测设备，填补监测盲区。

加强监测设备的维护和升级，提高数据采集和处理的效率，确保空气质量数据能够实时更新。同时，建立数据共享机制，实现各部门之间的数据互通，提高预警信息的准确性和时效性。

利用多种渠道发布空气质量预警信息，包括电视、广播、报纸、手机App等，确保市民能够及时获取预警信息。加强与媒体的合作，提高预警信息的传播速度，扩大覆盖面。

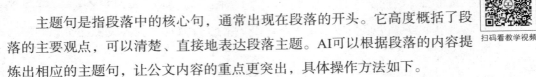 **文心一言**

以下是为您提炼的3段公文内容的主题思想，用不超过10个字、语意完整的动宾式短句进行表述：

1. 优化监测站点布局

2. 提升数据处理效率

3. 发布预警信息并加强传播

### 7.3.2　调整句式结构

　　一般来说，任何文章都是由多个句子组成的。每个句子都是表达完整思想或信息的基本单位，通过合理组合和安排句子，构建出整篇文章的逻辑框架和内容表达。因此，句式结构可以看作是公文结构的最小单位。

　　常见的句式结构问题有主谓不一致、句子成分残缺、句子成分多余、语序不当、句式杂糅等，下面以让AI解决句式杂糅问题为例，介绍具体的操作方法。

 **提问**

请判断下面的句子是否存在句式杂糅的问题，如果存在，请给出修改建议。

我单位为了推进项目的顺利进行，积极采取了一系列措施，并取得了显著成果，从而保证了项目的如期完成。

**文心一言**

这个句子确实存在句式杂糅的问题。句子试图表达单位为了推进项目所采取的措施、取得的成果及项目的完成情况，但由于句式杂糅，使得句子显得冗长且不够清晰。

具体来说，"为了推进项目的顺利进行"和"积极采取了一系列措施"两个表述在逻辑上有所重叠，同时"并取得了显著成果"和"从而保证了项目的如期完成"也存在一定的冗余。

为了修正这个问题，我们可以将句子拆分为几个部分，并重新组织，使其更加清晰和简洁。

修改建议：为了推进项目的顺利进行，我单位积极采取了一系列措施，取得了显著成果，最终确保了项目的如期完成。

通过拆分和重组，我们删除了冗余的表述，使得每个部分都更加独立和清晰。这样的句式更符合汉语的表达习惯，也更容易被读者理解和接受。

# 本章小结

　　本章主要向读者介绍了运用AI润色公文的3个方面，具体内容包括：检查公文内容，如检查公文的字词和语法；改写公文内容，如精简公文内容、修改公文标题和分条列项进行表述；优化公文结构，如提炼段落主题句和调整句式结构。

　　通过对本章的学习，读者能够更好地了解运用AI润色公文的方法，并掌握相关技巧。

# 课后习题

鉴于本章知识的重要性，为了帮助读者更好地掌握所学知识，本节将通过课后习题，帮助读者进行简单的知识回顾和补充。

1. 请AI指出公文中的错别字，并提供修改建议，回复内容如下。

扫码看教学视频

### 文心一言

在你提供的这段内容中，存在一个错别字："张显"应该是"彰显"。修改后的内容应该是："同时，这也是一个展示我司设计实力、彰显公司品牌形象的重要平台，让外界更加深入地了解我们的设计理念与创意实力。"

2. 让AI判断句子中是否存在句子成分多余的问题，如果有，请提供修改建议，回复内容如下。

扫码看教学视频

### 文心一言

在这个句子中，"取得了显著的成绩和优异的表现"部分存在成分赘余的问题。具体来说，"成绩"和"表现"在这里都用来描述工作的结果，但"成绩"已经包含了工作成果的意思，而"优异的表现"又是对这一成果的进一步描述，造成了语义上的重复。

因此，修改后的句子可以是："在今年的工作中，我单位全体员工通过不断努力和辛勤付出，最终成功完成了各项任务，并取得了显著的成绩。"这样的表述既简洁又明确，避免了成分的赘余。

# 【公文实战】

# 第 8 章

## 法定类公文的写作

　　法定类公文是党政机关、单位团体为实施指挥、履行职能、处理公务等发布的具有法定性与规范性的文体，表现为报告、请示、决议、决定、命令等不同的样式。本章将以这些样式为例，介绍法定类公文的写作方法。

# 8.1 报告

报告是法定类公文中常见的一种上行文。在实际工作中，完成每一项工作或任务，都应该以报告的形式对其基本情况、经验教训、存在的问题和设想等进行介绍，以便上级领导机关了解相关情况。本节介绍报告的写作方法。

## 8.1.1 报告的特点和用途

扫码看教学视频

报告是一种上行文，即下级工作人员向上级领导反映工作情况，令领导知悉以便给予指示的公文文种，一般用于汇报工作、反映情况或答复上级机关的询问。这种公文具有4个主要特点，如图8-1所示。

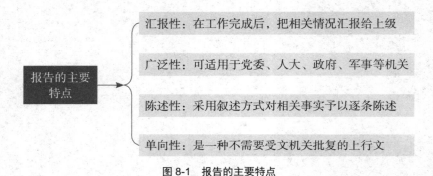

图 8-1 报告的主要特点

## 8.1.2 报告的格式、要点和技巧

扫码看教学视频

想了解一种公文，拟写者可以从格式、要点和技巧这3个方面进行。其中，格式是指公文的组成部分；要点是指公文格式中需要注意的内容，可以与公文的格式一同介绍；技巧是指写作公文时需要了解的注意事项和写作技巧。了解完这些内容，拟写者就能基本掌握这种公文的大致框架和写作方法，为后续的AI写作打好基础。

**1. 标题**

报告的标题分为"发文机关+事由+文种"和"事由+文种"两种形式，如《人大常委会学习××情况报告》和《加强企业管理工作报告》等。

**2. 主送机关**

在主送机关的标注上，报告一般只有一个直接上级机关，因此在标注主送机关时也只对其加以注明。

### 3. 正文

报告的正文是由开头、主体和结尾这 3 部分组成的，具体介绍如下。

（1）开头部分，主要是对报告的目的、根据或意义进行说明。

（2）主体部分，一般针对某种情况作出报告，主要包括 3 个方面的内容，即具体情况、针对出现的情况进行说明以及最后得出结论。当汇报的内容较多且复杂时，可以用分条列项或小标题的形式来安排结构，并在逻辑上按从主到次的顺序排列。

（3）结尾部分，或以简短的文字概括全文，或以"请审核""请查收""特此报告"等字样结束全文。

### 4. 落款

报告的落款一般包括 3 个方面的内容：发文机关名称、印章和发文日期。在标题中出现了发文机关名称的，此处可省略。

### 5. 写作技巧

在写作报告时，拟写者应该掌握以下注意事项和技巧。

（1）不应夹带请示事项。

请示与报告一样，都是一种上行文，因此很多拟写者容易在报告中把一些表示请示的话语夹带在内容中，例如在结语部分写上"以上报告妥否，请指示"，这是文种混淆的错误。

针对一些请示事项，拟写者可以单独用请示行文，而不是夹带在报告中。把请示事项夹带在报告中，不仅会造成报告拟写的失误，还可能给上级机关带来不便。

（2）注意主题的把握。

每一篇文章都有一个主题，报告也是如此。关于报告的主题，应该注意两个方面的问题：一是要注意发现新主题；二是要注意主题的内容和观点要与材料保持一致，并且能充分地展现主题思想和观点，让文章的思路清晰可见。

（3）注意陈述的真实。

报告的内容必须是真实的，特别是提供的材料和数据，必须是有据可查的，不能胡乱编造。这是上级机关通过报告掌握各方面的动态和变化，从而准确地作出决策的重要依据，只有保证陈述的真实性，才能为决策的科学性和正确性助力。

（4）注意语言的简练。

报告的语言必须是简洁的，只有将主要的事项以总结性的话语准确地表达出来，才能突出重点，而不能一味地以空话、套话来敷衍。

## 8.1.3 用AI写作报告

扫码看教学视频

在使用AI写作报告时，拟写者需要先让AI了解报告的格式和要点，再介绍报告写作的背景，最后将具体的写作要求告知AI。拟写者可以直接用一段提示词完成这3步操作，也可以循序渐进地提问，让AI一步一步地生成需要的报告。下面介绍具体的操作方法。

**RI 提问**

我需要你帮我写一篇报告，请根据步骤来完成任务。

步骤一：阅读和了解"报告的格式和要点"

步骤二：了解"报告的写作背景"

步骤三：根据"写作要求"完成报告的写作

**报告的格式和要点**

报告主要包括标题、主送机关、正文和落款这4部分。

1. 标题：分为"发文机关+事由+文种"和"事由+文种"两种形式。

2. 主送机关：一般只标注一个直接上级机关。

3. 正文：包括开头、主体和结尾这3部分。

（1）开头：对报告的目的、根据或意义进行说明。

（2）主体：针对某种情况作出报告，主要包括3个方面的内容，即具体情况、针对出现的情况进行说明及最后得出的结论。当汇报的内容较多且复杂时，可以用分条列项或小标题的形式来安排结构，并在逻辑上按从主到次的顺序排列。

（3）结尾：或以简短的文字概括全文，或以"请审核""请查收""特此报告"等字样结束全文。

4. 落款：一般包括发文机关名称、印章和发文日期。在标题中出现了发文机关名称的，此处可省略。

**报告的写作背景**

2025年，A市旅游市场的服务质量得到了显著提升，主要成效包括服务质量提升政策体系进一步健全、服务质量主体责任进一步压实、服务质量提升工作基础进一步夯实和信用体系建设迈入深化应用新阶段等，但也依然面临着上级部门对质量工作提出的新要求、行业发展对质量提升工作提出的新需求和游客对服务质量寄予的新期待这3个挑战。

未来，A市文旅广电局会从加强行业质量文化建设、完善旅游服务质量基础设施、提升旅游管理和服务水平、提升综合监管效能和创新质量人才培养模式这5个方面继续努力。

**写作要求**

2026年1月13日，A市文旅广电局需要写一份报告，向Y省文旅厅介绍2025年的旅游市场服务质量提升情况。要求：格式和要素齐全，用客观口吻来写作，将主要成效、面临的挑战和努力的方面用阿拉伯数字的形式分点进行陈述，报告中不要出现格式和要点的名称。

**ChatGPT**

**A市文旅广电局关于2025年旅游市场服务质量提升情况的报告**

Y省文旅厅：

根据工作要求和安排，现就我局2025年旅游市场服务质量提升情况向贵厅进行汇报。

一、主要成效

1. 服务质量提升政策体系进一步健全。通过完善相关法规和政策，形成了较为完备的旅游服务质量提升政策体系，为提升服务质量提供了坚实的制度保障。

2. 服务质量主体责任进一步压实。明确了旅游市场各类主体的责任，强化了主体责任的落实，有效推动了旅游服务质量的提升。

3. 服务质量提升工作基础进一步夯实。加强了旅游服务基础设施建设，提升了旅游从业人员的服务水平，为提升服务质量奠定了坚实的基础。

4. 信用体系建设迈入深化应用新阶段。建立了旅游市场信用体系，实现了信用信息的共享和公开，有效促进了旅游市场的规范发展。

二、面临的挑战

1. 上级部门对质量工作提出的新要求。随着旅游市场的不断发展，上级部门对旅游服务质量的要求也在不断提高，需要我们进一步加强工作力度，不断提升服务质量。

2. 行业发展对质量提升工作提出的新需求。旅游行业的快速发展对服务质量提升工作提出了新的需求，需要我们不断创新工作方式，适应行业发展的新趋势。

3. 游客对服务质量寄予的新期待。随着游客消费水平的提高，对旅游服务质量的要求也越来越高，需要我们不断提升服务水平，满足游客的新期待。

三、努力的方面

1. 加强行业质量文化建设。通过举办培训、宣传活动等方式，提升旅游从业人员的质量意识和服务意识，形成全行业共同关注、共同提升服务质量的良好氛围。

2. 完善旅游服务质量基础设施。加大投入力度，完善旅游服务基础设施建设，提升旅游设施的舒适度和便捷性，为游客提供更加优质的旅游体验。

3. 提升旅游管理和服务水平。加强旅游市场管理，规范旅游市场秩序，提升旅游从业人员的服务水平，确保游客在旅游过程中享受到优质的服务。

4. 提升综合监管效能。建立健全旅游市场综合监管机制，加强跨部门协作和信息共享，提高监管效能，确保旅游市场的健康发展。

5. 创新质量人才培养模式。探索建立适应旅游行业发展需求的质量人才培养模式，培养一批高素质的旅游服务人才，为提升旅游服务质量提供有力的人才保障。

以上是我局2025年旅游市场服务质量提升情况的汇报，请贵厅予以审核。我们将继续努力，不断提升旅游服务质量，为游客提供更加优质的旅游体验。

A市文旅广电局

2026年1月13日

★ 专家提醒 ★

当一段提示词里包含多个信息和操作时，拟写者可以将不同属性的信息用文字、符号等方式进行标注和分割，让AI更好地进行理解；也可以将要进行的操作拆分成步骤，让AI一步步完成。

## 8.2　请示

请示是指请求性公文，是一种比较常用的上行文，是下级机关向上级机关就解决某种问题或批准某一事项而运用的法定类公文。

### 8.2.1　请示的基本条件和分类

虽然请示应用得比较广泛，但并不是所有属性为请求类的文本内容都可以使用请示。一般来说，使用请示这一文种，必须具备3个基本条件：下级机关向上级机关行文、涉及的问题必须是自己无权决定和处理的、目的是请求上级批准。请示也有着不同种类，按照其内容和写作意图不同，可分为3类，具体如图8-2所示。

扫码看教学视频

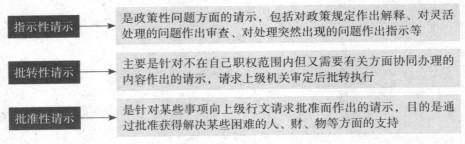

| 指示性请示 | 是政策性问题方面的请示，包括对政策规定作出解释、对灵活处理的问题作出审查、对处理突然出现的问题作出指示等 |
| --- | --- |
| 批转性请示 | 主要是针对不在自己职权范围内但又需要有关方面协同办理的内容作出的请示，请求上级机关审定后批转执行 |
| 批准性请示 | 是针对某些事项向上级行文请求批准而作出的请示，目的是通过批准获得解决某些困难的人、财、物等方面的支持 |

图 8-2　请示的分类

## 8.2.2　请示的格式、要点和技巧

扫码看教学视频

请示的格式一般包括标题、主送机关、正文和落款这 4 部分，下面介绍请示的格式、要点和技巧。

### 1. 标题

请示的标题具有两种写作形式。

（1）发文机关+事由+文种：如《××局请求转发〈进一步完善农村土地承包关系工作方案〉的请示》。

（2）事由+文种：如《关于增设秘书专业的请示》。

### 2. 主送机关

请示的主送机关是指负责受理和答复的直接上级机关，与报告一样，请示的主送机关只有一个，而不是多个。

### 3. 正文

请示的正文按照开头、主体和结尾 3 部分，分别写成陈述请示的缘由、说明请示的具体事项和用请示习惯用语结束全篇，详细内容论述如下。

（1）开头的请示缘由部分，是上级机关有针对性批复的依据。

（2）主体的请示事项部分，是具体陈述请示的内容，需拟写清楚。

（3）结尾的惯用语部分，一般写成"当/妥否，请批示/复""以上请示，请予审批"等。若有附件，应当在结尾处用圆括号标注。

### 4. 落款

请示的落款一般包括两个方面的内容：发文机关和成文日期。若在标题中写明了发文机关，此时可不用再次标注，但需要加盖单位公章。

### 5. 写作技巧

在拟写请示的过程中，可在遵循写作原则的基础上掌握一定的技巧，以便顺利成文。拟写者需要遵循的写作原则如下。

（1）遵循 3 个"一"原则

写作请示时，要求一件事情一个请示，不能用一篇公文同时请示多件事情，并且一文只有一个主送机关，主送机关为直接隶属的上级单位。

（2）遵循两不"越"原则

一是请示需逐级进行，送达上级机关，一般不能越级；二是请示的内容不能"越

权"决定，需在行事之前拟写请示，待领导答复之后再抄送给下级机关。

在遵循请示原则的基础上，拟写者在写作过程中还应该运用一定的写作技巧，具体内容如下。

· 把握范围，明确目的。请示的适用范围一般是下级单位无权决定、无力办理或理解不清的事情，即需要请示上级机关批准或指示。明确请示的这些适用范围，能够帮助确定拟写请示的目的，以便更好地发挥请示的作用。

· 情况属实，条理清晰。在陈述请示内容时，要求内容真实可靠，能够反映实际问题，且组织材料时，需条理清晰、层次分别，有逻辑性地说明当下存在的问题或不能决定的事项，以便领导作出正确的决策。

· 语言简洁，准确传达。拟写请示的语言要简洁明了，能够集中地表达主题思想，做到将请示提交给上级单位后，上级领导能够明晰下级单位存在的困惑或需要得到哪些帮助。

## 8.2.3　报告与请示的区别

报告与请示都是一种针对具体事项或情况向上级领导机关反映的公文文种，两者都属于上行文的范畴，主要针对主管机关行文，且内容结构的要素大致相同，但二者在行文时间、行文目的、结尾用语和上级机关受文后的处理方式等方面存在差异，详细内容如图8-3所示。

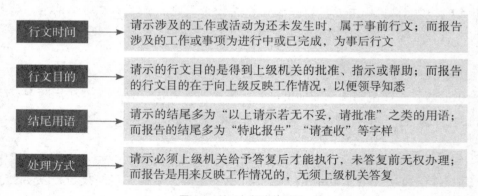

图 8-3　请示与报告的区别

综上所述，请示与报告虽同为上行文，却有一定的差异。只有正确把握好二者的区别，才能有效避免出现文种混淆、行文不当的错误。

## 8.2.4　用AI写作请示

在运用AI写作批准性请示时，拟写者应当在提示词中将需要批准的事项完整阐述出来，有具体数据的要将数据写清楚。下面介绍具体的操作方法。

RI 提问

请示一般包括标题、主送机关、正文和落款4部分。其中，正文按照开头、主体和结尾划分，一般分别写成陈述请示的缘由、说明请示的具体事项和用请示习惯用语"当/妥否，请批示/复""以上请示，请予审批"等结束全篇。

2026年××市自然资源局办公室根据城市总体规划和土地利用总体规划，以及《土地储备管理办法》的规定，拟收储土地约21公顷，收储资金约需4600万元，现需要向市政府进行请示，请你帮忙写一篇标题为"关于报请批准××市2026年储备土地计划的请示"的公文，要求：格式正确，日期为2026年2月4日。

ChatGPT

关于报请批准××市2026年储备土地计划的请示

××市人民政府：

我局谨就2026年度我市土地储备计划，特此呈上请示。

根据我市已制定的城市总体规划与土地利用总体规划，并严格遵循《土地储备管理办法》的相关规定，我局经过深入研究和科学规划，初步拟定2026年度的土地储备计划。该计划拟对全市范围内适宜开发的土地进行收储，总面积约为21公顷。经专业评估及预算，此次土地储备工作预计所需资金约为人民币4600万元。

此项土地储备计划旨在优化我市土地资源配置，保障城市建设用地需求，促进经济社会可持续发展，同时也将为我市未来重大项目落地提供有力的土地支撑。我局在编制过程中，充分考虑了土地供需平衡、耕地保护红线及财政承受能力等因素，力求确保土地储备工作的合理性和有效性。

鉴于上述情况，特恳请市政府对我局提出的2026年储备土地计划给予审慎审议，并予以批准实施。同时，对于涉及的资金安排与使用等相关事宜，敬请市政府领导指示并协调相关部门给予支持配合。

以上请示，如有不妥之处，敬请批评指正。盼能早日得到市政府的明确批复，以便我局尽快启动相关工作程序，确保2026年土地储备任务顺利完成。

当否，请批示。

附件：××市2026年储备土地计划详细方案

××市自然资源局办公室

2026年2月4日

## 8.3 决议

决议是指党的领导机关就重要事项经会议讨论通过决策，并要求相关部门贯彻执行的法定类公文。决议是关于重大事项的决策，且要求相关部门依此贯彻执行。

### 8.3.1 决议的特点和分类

扫码看教学视频

想要深入理解决议的含义，可以从决议的特点进行把握。决议具有4个主要的特点，具体如图8-4所示。

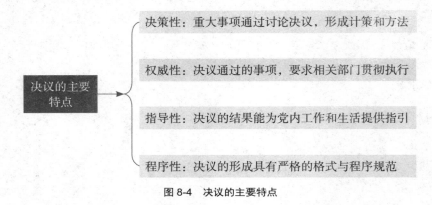

图 8-4　决议的主要特点

其实，不同内容的决议对党的工作和生活的指导作用是不同的，因此可根据决议内容的不同，将其划分为如图8-5所示的几种类型。

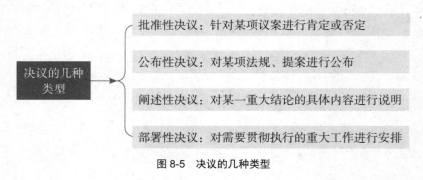

图 8-5　决议的几种类型

### 8.3.2 决议的格式、要点和技巧

扫码看教学视频

决议由标题、成文日期和正文3部分组成，下面就决议的格式、要点和技巧进行详细介绍。

#### 1. 标题

决议的标题有3种形式，具体如下。

（1）会议名称+事由+文种：如《××代表大会常务委员会关于公布〈××××宪法修改草案〉的决议》。其中，"会议名称"是指决议形成的会议名称。

（2）发文机关+事由+文种：如《中共××省委关于认真学习××××××的决议》。

（3）事由+文种：如《关于确认××的决议》，这是省略了发文机关的决议。

### 2. 成文日期

公文的成文时间有两个可标注的位置，一是在标题下居中标注，二是在正文之后居右标注。决议的成文日期采用前一种标注方法，在标题下用圆括号进行标注，包括会议名称和日期这两个要素，具体内容如下。

（1）若标题中已经注明通过决议的会议名称，该部分只需写明"×年×月×日通过"即可。

（2）若标题中未注明通过决议的会议名称，成文日期则需要写明"×会第×次会议×年×月×日通过"。

### 3. 正文

决议的正文内容同其他公文一样，一般可分为开头、主体和结尾这3部分，具体内容阐述如下。

（1）决议的正文开头部分主要是对决议出现的缘由、根据、意义等进行阐述，这部分是对决议涉及的相关事项做简要介绍，如会议听取了什么和学习了什么等。

（2）正文主体部分也是整个决议内容的中心部分，这一部分按照决议事项的不同，具体的写作形式也不同。如批准性决议，主要为强调意义、提出号召等；部署性决议，主要是写明工作的内容、措施和要求等。

（3）正文结尾部分表示决议拟写的结束，在拟写过程中这一部分可视具体情况来决定是否要写。当决议中有结语时，一般是有针对性地对执行要求和希望进行介绍，以此结束全文。

### 4. 写作技巧

在拟写决议时，拟写者最好掌握内容结构安排和具体写作方法这两个方面的写作技巧，具体内容如下。

（1）内容结构安排。

决议内容的安排可根据决议事项和内容的多少采取合适的结构形式，具体有两种形式。

· 若是单一事项、内容较少的决议，可通过全篇不分段或按照事项把决议内容分为若干段落的形式来拟写。

· 若是内容较多、较复杂的决议，可通过设置小标题的形式，条理清晰地陈述说明，或者通过分条列项，即将主体内容并列成多段的形式来拟写。

需要注意的是，无论采用上述哪种结构形式，其主要的目的都是为了突出重点，条理清晰地说明决议的内容，切忌主次颠倒、注重形式。

（2）具体写作方法

为帮助拟写者顺利地完成一篇合乎要求的决议，下面分享几点写作方法，具体如图8-6所示。

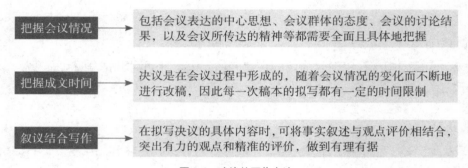

图 8-6　决议的写作方法

### 8.3.3　用AI写作决议

扫码看教学视频

在运用决议对法规、提案等事项进行公布时，拟写者最好写明依据，例如相关的法律和章程等，这样能增加决议内容的公正性和规范性。下面介绍具体的操作方法。

**步骤01** 在ChatGPT的输入框中输入提示词，按Enter键发送，让ChatGPT了解公布性决议的相关知识，并生成一个写作模板，相关提示词和回复内容如下。

Ⓡ 提问

请你学习和了解一下公布性决议的相关知识，并生成一个写作模板。

公布性决议是指对某项法规、提案进行公布，一般由标题、成文日期和正文3部分组成。

1. 标题：主要有"会议名称+事由+文种""发文机关+事由+文种""事由+文种"3种形式。

2. 成文日期：在标题下用圆括号进行标注，包括会议名称和日期这两个要素。若标题中已经注明通过决议的会议名称，该部分只需要写明"×年×月×日通过"即可；若标题中未注明通过决议的会议名称，成文日期则需要写明"×会第×次会议×年×月×日通过"。

3. 正文：一般可分为开头、主体和结尾这3部分。其中，开头部分主要是对决议出现的缘由、根据、意义等进行阐述，这部分是对决议涉及的相关事项做简要介绍；主体部分主要是写明法规、提案等事项的内容。结尾部分表示决议拟写的结束，当决议中有结语时，一般是有针对性地对执行要求和希望进行介绍，以此结束全文。

### ⑤ ChatGPT

根据您所提供的信息，我为您准备了一个公布性决议的写作模板。这个模板将帮助您构建清晰、专业的公布性决议文档，无论是为政府机构、组织会议还是其他任何需要正式公布决议的场合。

**公布性决议写作模板**

**【标题】**

- 会议名称＋事由＋文种

- 发文机关＋事由＋文种

- 事由＋文种

**【成文日期】**

- （×年×月×日通过）

- （×会第×次会议×年×月×日通过）

**【正文】**

开头部分

- 缘由：介绍决议出现的背景和原因。

- 根据：列举支持决议的法律、规章或事实依据。

- 意义：阐述该决议的重要性和预期影响。

主体部分

- 法规/提案内容概述：详细说明决议涉及的法规、提案的具体内容，可能包括但不限于目的、适用范围、主要措施、实施步骤等。

- 关键条款：明确关键条款的内容，包括权利义务、责任追究等。

结尾部分

- 执行要求：具体说明执行该决议所需遵守的要求或步骤。

- 希望和展望：表达对决议执行结果的希望或对未来影响的展望。

**注意事项**

1. 确保所有信息的准确无误，特别是法律、日期等关键信息。

2. 保持语言清晰、准确，避免使用可能引起歧义的表达。

3. 根据需要调整模板的具体内容和格式，以符合特定情况或要求。

使用以上模板，您可以根据具体的决议内容和背景，灵活调整和填充相关信息，以确保文档的专业性和有效性。

**步骤 02** 在同一个聊天窗口的输入框中输入提示词，按Enter键发送，让ChatGPT根据信息写作公布性决议，相关提示词和回复内容如下。

**RI 提问**

请你根据以下信息，套用模板写作一篇公布性决议，不要写格式和要素的名称
根据《中华人民共和国公司法》和公司的相关章程，D公司于2027年4月12日召开了公司股东大会，会议由代表100%表决权的股东参加，经代表100%表决权的股东通过，选举小易同志为公司本届执行董事、小吴同志为公司本届监事，由执行董事担任公司法定代表人。

**ChatGPT**

D公司股东会选举执行董事及监事决议

（2027年4月12日通过）

经D公司根据《中华人民共和国公司法》及公司章程规定，于2027年4月12日召开的股东大会，本次会议由代表100%表决权的股东参加。根据会议讨论，以全体股东一致同意的方式，作出如下决议：

本次股东会议决定，选举小易同志担任公司本届执行董事、小吴同志担任公司本届监事。根据《中华人民共和国公司法》及公司章程的相关规定，执行董事小易同志将同时担任公司的法定代表人。

本决议的通过，是对公司管理层的优化和调整，旨在进一步提升公司的治理结构，确保公司能够高效、合规地运营。通过优化管理层的构成，我们期望能够更好地适应市场变化，促进公司的持续发展和价值增长。

公司全体股东对小易同志和小吴同志能够担任本届执行董事和监事职务表示热烈欢迎和坚定支持。我们相信，在新一届管理层的带领下，公司能够在日益激烈的市场竞争中稳健前行，实现业绩的持续增长。

本决议即日起生效。公司应依法办理相关的变更登记手续，并在公司内部及时公告，以确保各方面的顺利过渡和实施。我们期待在新管理层的带领下，共同开启公司新的发展篇章。

## 8.4　决定

决定同决议一样，是具有指导作用的下行文。它是对重大事项或重大行动作出安排，并要求相关部门贯彻执行的指令性法定类公文。

### 8.4.1　决定的特点和分类

扫码看教学视频

决定，简而言之就是上级机关作出指示，要求下级机关执行的文件，决定具有如图8-7所示的4个特点。

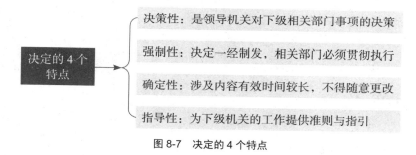

图 8-7　决定的 4 个特点

根据内容和用途的不同，可以将决定分为4种类型，具体如下。

（1）知照性决定：它是把作出的决策知照给相关单位和个人的决定种类。

（2）指挥性决定：一般是针对重要事项或重大行动作出安排与部署的。

（3）法规性决定：它是指建立、修改某项法规或确定大政方针的决定。

（4）奖惩性决定：它是指表彰一些突出事迹或指出一些错误问题的决定。

### 8.4.2　决定的格式、要点和技巧

扫码看教学视频

决定的格式包括标题、主送机关、正文和落款这4部分，下面就决定的格式、要点和技巧进行详细介绍。

#### 1. 标题

决定的标题形式为"发文机关+事由+文种"，如《中国科学院关于表彰××的决定》。如果决定是由会议通过的，那么在标题下方居中位置必须加圆括号注明成文日期和会议名称。

**2. 主送机关**

决定的主送机关即需要知晓或执行的下级单位。当决定的发文机关非常明显、确定时，可以省略其主送机关。

**3. 正文**

决定的正文由开头、主体和结尾3个部分构成，具体内容如下。

（1）开头：在决定的开头部分，一般会写明作出决定的缘由、目的和依据，如"目前……，根据……，为了……，现决定："就是常见的开头写法。

（2）主体：决定的主体部分是决定的主要内容，该部分采用分条列项的方法说明决定的具体措施、步骤和详细要求。

（3）结尾：在决定的结尾，一般会根据决定内容提出具体的希望与要求，以便人们贯彻执行或为实现将来的目标而努力。有附件的，要在结尾处予以说明。

**4. 落款**

决定的落款处必须注明发文机关，且在其上加盖印章，这是落款部分必需的要素。当在决定的前文部分没有标注成文日期时，应该在落款处予以标注。

**5. 写作技巧**

在拟写决定时，可掌握一些写作技巧，以便行文更顺畅，详细内容陈述如下。

（1）选择合适的结构。

决定具有不同的内容形式，应该结合内容的差异进行不同的结构编排，如分段式结构、篇段合一式结构、分条列项式结构等。

（2）处理篇幅的长短。

不同类型的决定，因其内容的不同对篇幅的长短要求不同，如知照性决定内容单一，篇幅要求较短；指挥性决定内容相对复杂，篇幅要求会较长。因此，需要按照决定内容的不同处理好公文的篇幅。

（3）规范语言与内容。

在内容和语言方面，决定的拟写有着总体要求，即内容的严肃性、事实的确切性和行文的周密性。

## 8.4.3 决定与决议的区别

扫码看教学视频

决定与决议都为指示性的下行文，且都是对重大事项作出决策的文种，这是两种文种的相似之处，但二者也存在区别，具体体现在内容构成、程序形成和发文范围等方面，如图8-8所示。

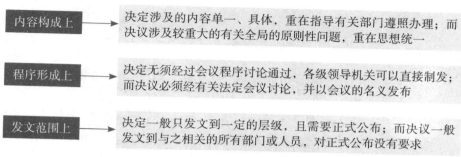

| 内容构成上 | 决定涉及的内容单一、具体，重在指导有关部门遵照办理；而决议涉及较重大的有关全局的原则性问题，重在思想统一 |

图8-8 决定与决议的区别

## 8.4.4 用AI写作决定

在将决定知照给相关单位和个人时，拟写者要将作出决定的原因、决定的具体内容和起效时间交代清楚。下面介绍具体的操作方法。

扫码看教学视频

**RI 提问**

知照性决定是把作出的决策知照给相关单位和个人的决定种类。

1. 标题：一般形式为"发文机关+事由+文种"，如果决定是由会议通过的，那么在标题下方居中位置必须加圆括号注明成文日期和会议名称。

2. 主送机关：即需要知晓或执行的下级单位。

3. 正文：由开头、主体和结尾3部分构成。

（1）开头：写明作出决定的缘由、目的和依据。

（2）主体：采用分条列项的形式说明决定的具体措施、步骤和详细要求。

（3）结尾：根据决定内容提出具体的希望与要求，以便人们贯彻执行或为实现将来的目标而努力。有附件的，要在结尾处予以说明。

4. 落款：注明发文机关，且在其上加盖印章。当在决定的前文部分没有标注成文日期时，应该在落款处予以标注。

请在了解知照性决定的格式和要点后，根据以下信息写作一篇知照性决定，对象为公司全体员工，时间为2026年7月16日，不要写格式和要素的名称。

为了提升组织活力，激发员工潜能，同时也由于A同志已经到了退休年龄，经过CC公司第十三次管理会议讨论决定，A同志不再担任副总经理这一职务，将原销售总监B同志提升为公司副总经理，将原华南区销售经理C提升为公司销售总监，决定即日起生效。

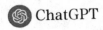 ChatGPT

**CC公司关于人事调整的决定**

（2026年7月16日 CC公司第十三次管理会议）

主送：公司全体员工

根据公司发展的需要，并且为了不断提升组织活力、激发员工潜能，经过深思熟虑和全面考虑，我们作出了以下决定。这是基于公司当前和未来发展的必要举措，旨在优化人才结构，充分利用公司内部资源，以期更好地实现公司的长期目标和战略规划。

一、鉴于A同志已到达法定退休年龄，将不再担任副总经理职务。我们对A同志多年来为公司作出的贡献表示衷心的感谢和崇高的敬意。

二、为了确保公司管理的连续性和高效性，经过公司第十三次管理会议讨论决定，将原销售总监B同志提升为公司副总经理，期望B同志能够在新的岗位上发挥出色的领导能力，带领公司继续前进。

三、鉴于C同志在华南区销售业务中的杰出表现及其卓越的管理能力，决定自即日起，提升C同志为公司销售总监，期待C同志能够在新的职务上取得更加辉煌的成就。

本次人事调整决定即日起生效。希望全体员工能够支持新任命的领导，共同努力，为实现公司的长远发展目标而不懈奋斗。

CC公司

2026年7月16日

## 8.5　命令

命令是国家权力机关及其领导人发布的具有强制执行效力的法定类公文，是上级机关对下级部门的工作、学习进行指导的文种。

### 8.5.1　命令的特点与分类

命令，有时直接称为令，具有严格的规范与界定。并非所有的事项都可使用命令这一文种，其适用4种情形：依照有关法律公布行政法规和规章制度、宣布施行重大强制性的行政措施、批准授予和晋升衔级、嘉奖有关单位和人员。命令具有权威性、强制性、严肃性和载体性这4个重要的特点，具体内容如图8-9所示。

扫码看教学视频

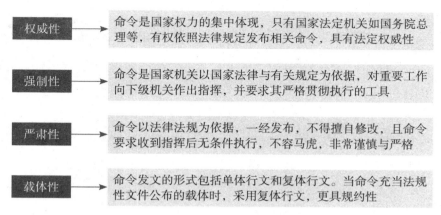

图 8-9　命令的重要特点

按照不同的标准，可以将命令划分为不同的类型，具体如下。

（1）按发布单位的不同，可将命令分为国家权力机关发布的命令、国家行政机关发布的命令和国家领导人发布的命令等。

（2）按作用的不同，命令可分为公布令、行政令、任免令和嘉奖令。如公布令是依照法律公布相关法规和规章的命令；行政令是国务院及县以上人民政府发布行政措施使用的命令；任免令和嘉奖令是对有关领导干部任职、嘉奖某种先进行为等使用的命令。

（3）按带附件与否，可将命令分为带附件的命令和不带附件的命令，其中任免干部的命令一般不带附件，公布行政法规、宣布重大举措等命令一般带有附件。

## 8.5.2　命令的格式、要点和技巧

从结构上来说，命令一般是由标题、正文和落款这 3 部分构成的。下面介绍命令的格式、要点和技巧。

扫码看教学视频

### 1. 标题

通常来说，命令的标题有 4 种形式，具体论述如下。

（1）发文机关+事由+文种：如《×××（机关）关于××的命令》。

（2）发文机关+令：如《×××令》。

（3）事由+文种：如《××（事件）的命令》。

（4）文种：如《嘉奖令》。

在命令的标题中，发文机关的标志由发文机关的全称加"命令"或者"令"字组成，居中排列，一般用红色宋体字。

### 2. 正文

命令的正文包括发文令号、主送机关和主体内容3部分，具体说明如下。

（1）命令的发文令号应当在发文机关标志下空两行排列，并在令号之下再空两行排列正文内容。

（2）命令的主送机关，需要根据实际情况来拟写，有时无须拟写。

（3）命令的主体内容一般由两部分组成：一部分是发布命令的原因；另一部分是使命指挥，即说明受令者必须执行的事宜，以及命令生效的时间、执行的时限。

### 3. 落款

命令的落款需要标注签发命令的机关或者法定作者及其职务、日期，并加盖公章。一般来说，日期是成文日期，位于署名下方，有的也会将日期标注在标题之下。

### 4. 写作技巧

拟写命令这一文种，可从文体特征、内容结构及语言运用等方面把握一些要领，以便更顺畅地行文。下面就命令的写作要领进行详细介绍。

（1）把握命令的文体特征。

在使用命令这一文种写作时，需要明晰命令的适用范围。一般来说，除法律规定的有权发布命令的机关或领导外，其他机关无权发布命令。而且，命令一经发布，需严格按规定执行，其内容具有强制性和权威性。

（2）厘清命令的内容结构。

命令是要求相关机关严格执行的，因此在内容结构上需重点突出应该做什么、不应该做什么，使命令得到有效的传达并得以执行。

在拟写具体的命令时，可以按文章写作的开头、过渡、转折和收尾的顺序进行，也可按照是什么、为什么、怎么做的逻辑顺序进行，内容层层递进，环环相扣。

（3）使用精确且规范的语言。

命令的严肃性要求用词准确、言简意赅，才能更具说服力与权威性。但精确且规范，并非要求语言使用呆板、一成不变，在叙述内容时，可采用排比、对仗等具有生动性的语言，如"愤慨之余，殊深轸念""抗战有功，驰名中外"等，短小精悍又显示出文风与气势。

## 8.5.3　用AI写作嘉奖令

嘉奖令一般用来对个人或单位的某个事项、工作、成绩或影响进行表彰和鼓励，因此在用AI写作时，拟写者要说明嘉奖的原因，以及希望嘉奖令起

扫码看教学视频

到的作用。下面介绍具体的操作方法。

**步骤01** 在ChatGPT的输入框中输入提示词，按Enter键发送，让ChatGPT了解嘉奖令的相关知识，并生成一个写作模板，相关提示词和回复内容如下。

**RI 提问**

请根据下面提供的范围，总结嘉奖令的格式和要素，并生成一个写作模板。

嘉奖令

××市融媒体中心：

为表彰××××（事项），特对你单位予以通令嘉奖。

××××年春节期间，为丰富人民群众的文化生活，市委、市政府决定以网络直播的形式举办一台春节晚会。市融媒体中心解放思想、创新形式、提前谋划，坚持×××的原则，围绕市委、市政府决策部署，提高了全市人民的参与性、知晓度，有力地宣传了市委、市政府的重大决策，鼓舞了全市人民干事创业的士气，为全市上下奋力实现×××的奋斗目标，为×××营造出了良好的舆论氛围。

希望××市融媒体中心再接再厉，继续发扬"××××"精神，为引导全市人民凝心聚力谋发展、鼓足干劲创一流提供强大的精神动力和良好的舆论氛围。

中共××市委宣传部

××××年××月××日

**ChatGPT**

从提供的例子中，我们可以总结出嘉奖令的格式和要素如下。

1. **标题**：通常直接使用"嘉奖令"作为标题，简洁明了。

2. **被表彰单位或个人名称**：明确指出受表彰的单位或个人。

3. **表彰理由**：详细说明对该单位或个人进行表彰的具体事项和理由，包括其所做的工作、取得的成绩，以及对相关领域或社会的积极影响。

4. **表彰内容**：具体描述表彰的内容，如"特对你单位予以通令嘉奖"等。

5. **期望和鼓励**：对被表彰单位或个人提出希望和鼓励，激励其继续保持优良的表现，并为其所在领域的发展作出更大贡献。

6. **签发机构**：说明发出嘉奖令的官方机构或部门名称。

7. **日期**：标注嘉奖令的签发日期。

写作模板

嘉奖令

[被表彰单位或个人名称]：

为表彰[具体事项]，特对[你/您/你们单位]予以通令嘉奖。

[详细说明表彰理由，包括所做的工作、取得的成绩及其积极影响。应详细描述工作内容、实施过程、成果成效，以及对相关领域或社会的贡献。]

希望[被表彰单位或个人名称]再接再厉，继续发扬[具体精神或原则]，为[具体目标或愿景]提供强大的精神动力和良好的舆论氛围。

[签发机构]

[年]年[月]月[日]日

用户可以使用这个模板，根据具体情况填充相应的内容，从而快速高效地编写出嘉奖令。

**步骤 02** 在同一个聊天窗口的输入框中输入提示词，按Enter键发送，让ChatGPT根据信息写作嘉奖令，相关提示词和回复内容如下。

🅡 提问

请你根据以下信息，套用模板写作一篇嘉奖令，要有标题，被表彰单位为业务一部，时间为2026年1月6日，不要出现重复的内容，不要写格式和要素的名称。

2025年业务一部在部长小张的带领下创下了123万元的业绩总额，并为公司开拓了4家新的合作对象，F公司对整个部门爱岗敬业、努力拼搏的精神表示嘉奖，并给予10万元奖励。F公司决定写一篇嘉奖令，鼓励其他业务部门一起努力。

💬 ChatGPT

嘉奖令

业务一部：

为表彰2025年度业绩突出，特对业务一部予以通令嘉奖。

2025年，在部长小张的领导下，业务一部不仅创下了123万元的业绩总额，而且成功开拓了4家新的合作伙伴，为公司的发展注入了新的活力。全体成员表现出的爱岗敬业、勤奋工作的精神，充分展示了团队的凝聚力和战斗力。此次成绩的取得，不仅为公司带来了可观的经济收益，更为公司的文化建设和团队精神的提升作出了重要贡献。

希望业务一部在未来的工作中，继续保持这种敬业拼搏的精神，不断创新工作方法，提升业务水平，为公司的持续发展贡献更大的力量。同时，希望其他业务部门能够以业务一部为榜样，齐心协力，共同推动公司业绩的进一步增长。

F公司

2026年1月6日

# 8.6 公告

公告，即公开宣告，在法定类公文中，公告是一种适用于向国内外宣布重要事项或法定事项的公文。公告的发布范围广泛，向社会广而告之，可以起到晓谕的作用。

## 8.6.1 公告的特点和分类

扫码看教学视频

想写作出符合规范、形式正确的公告，拟写者首先需要对公告的特点进行了解。公告具有4个主要特点，如图8-10所示。

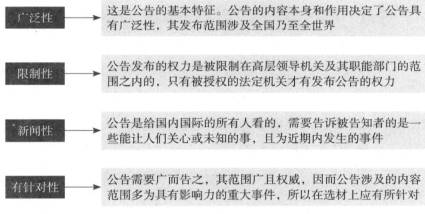

图 8-10 公告的主要特点

公告按其涉及内容的不同，可分为以下两种类型。

（1）法定事项类的公告：主要用来公布带有法律、法规性质的事项，公布之后各级机关和相关人员必须遵守。

（2）重要事项类的公告：主要内容涉及国家的经济、军事、文化等与国家事务关系密切的方面，发挥知照的作用。

另外，公告除了在党政机关内发挥作用，还在其他领域得到了广泛使用，例如招标公告、申请专利的公告等专业性公告，以及向特定对象发布的公告等。

## 8.6.2　公告的格式、要点和技巧

公告的格式包括标题、发文字号、正文和落款这4部分，下面对公告的格式、要点和技巧进行详细介绍。

### 1. 标题

在公告的标题中，常见的要素包括发文机关或会议名称、事由和文种。根据公告内容的不同，公告的标题有多种形式，具体如下。

（1）发文机关/会议名称+文种：如《××××代表大会公告》。

（2）发文机关/会议名称+事由+文种：这是一种用于内容较多、事由较复杂的公告的标题形式，如《中国人民银行关于进一步改革外汇管理体制的公告》。

（3）事由+文种：这种公告把事由在标题中重点表现了出来，如《关于建设党员责任区的公告》。由于这种公告标题中没有注明发文机关或会议名称，因此需要在落款处注明。

### 2. 发文字号

在公告的格式中，发文字号可按需拟写。当同一发文机关需要在短时间内发布多份公告时，应标明发文字号，其他情况下则不必注明。

### 3. 正文

在公告正文中，一般包括两部分内容，即公告的原因和具体事项。其中，关于公告的原因，拟写者可以选择性地加以介绍，要简明扼要；对于公告的具体事项，应该根据内容的多少选择不同的陈述方式，注意在拟写时语言要得体、精练，层次要清晰、分明。当然，拟写者有时还会在结尾处提出希望或警告等，并标明公告惯用的结束用语"特此公告"等。

### 4. 落款

与其他公文一样，公告的落款也包括发文机关和成文日期两项。如果已在标题中写明发文机关，则只需在落款处注明成文日期即可。

### 5. 写作技巧

在写作公告时，拟写者还有许多要注意的问题和要掌握的技巧，下面分别对其进行介绍。

（1）结构技巧和要求。

公告是写给人们看的，需要的就是易读、易懂、易知，因而在结构方面要求层

次分明、结构灵活。当公告内容较为简单时，简明扼要即可；而当公告内容较为复杂时，拟写者可按照时间先后顺序或逻辑顺序将内容有条理地呈现出来。

（2）用语技巧和要求。

在拟写公告的用语方面，需要满足得体、准确的基本要求。得体，即采用浅显易懂、直截了当的用语；准确，即符合社会的客观实际情况，符合规范的语法层次和逻辑，符合内容表达的恰当性要求。

（3）内容篇幅的要求。

总体来说，公告是一种短篇公文，这是公告容易让人们把握、理解和遵行的篇幅要求。而实现公告篇幅的简短，可在文字上做精简处理。具体来说，拟写者应该从以下几个方面加以注意。

· 公告的首尾部分：开头开门见山，结尾迅速收束。

· 公告的正文部分：主体内容陈述事情直截了当。

· 观点的表述要鲜明，通篇采用简练、概括性的语言。

## 8.6.3　用AI写作公告

公告的写作比较简单，内容不需要使用修辞手法或复杂的句式，只需要用简洁、准确的语言将事项交代清楚即可。下面介绍具体的操作方法。

扫码看教学视频

RI　提问

F市交通运输局的海事窗口（原地方海事局政务分中心窗口）将搬迁至市政务服务中心，具体地址为F市飞云区玉兰路101号（玉兰路与石基大道交叉路口）F市政务服务中心三楼交通运输窗口，搬迁时间为2025年8月14日（星期四）至15日（星期五），搬迁后将于8月18日（星期一）在新址对外运行，服务时间为工作日的上午9点至12点、下午1点至5点，咨询电话为0111-1212121，需要写一份公告将搬迁的事知照给相关单位和市民朋友，公告时间为2025年8月11日

请你阅读下面这篇事项类公告范文，根据以上提供的信息，用同样的结构和要素写作一篇公告。

T市教育局关于××窗口搬迁的公告

各相关单位、广大市民朋友：

为进一步优化政务环境，提升政务服务水平，我局××窗口将搬迁至市文体中心。现将有关事项公告如下。

一、搬迁时间：××月××日（星期×）—××日（星期×）搬迁，新址将于

××月××日（星期×）上午××：××起对外运行。

二、新址地点：T市××区××路××号T市文体中心五楼。

三、服务时间：工作日上午××：××—××：××，下午××：××—××：××。

四、咨询电话：×××-××××××

T市教育局

×××年××月××日

---

**ChatGPT**

**F市交通运输局关于海事窗口搬迁的公告**

各相关单位、广大市民朋友：

为进一步优化政务环境，提升政务服务水平，我局海事窗口（原地方海事局政务分中心窗口）将搬迁至市政务服务中心。现将有关事项公告如下。

一、搬迁时间：2025年8月14日（星期四）至15日（星期五）搬迁，新址将于2025年8月18日（星期一）上午9：00起对外运行。

二、新址地点：F市飞云区玉兰路101号（玉兰路与石基大道交叉路口）F市政务服务中心三楼交通运输窗口。

三、服务时间：工作日上午9:00至12:00，下午1:00至5:00。

四、咨询电话：0111-1212121

感谢广大单位和市民朋友对我们工作的理解、支持与配合。我们将在新址继续为您提供更加优质的服务。

F市交通运输局

2025年8月11日

# 8.7 通告

通告是指在一定范围内公布应当遵守或知晓事项的法定类公文，它主要发挥知照作用，适用于有关单位开展业务的需要。

## 8.7.1 通告的特点和分类

通告适用于社会各个有关方面各种单位或个人应该遵守或周知的事项，它具有效用规范性、知照广泛性和事务专业性这3个特点，如图8-11所示。

扫码看教学视频

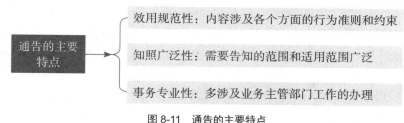

图8-11 通告的主要特点

通告根据其效用可分为两类，即知照性通告和规定性通告，具体内容如下。

（1）知照性通告：用作各专业部门、社会团体或企事业单位对新情况、新决定和新事物的广泛告知，其涉及的内容专业且单一，一般不具备法律效力，仅有一定的制约性。

（2）规定性通告：用作一定范围内公布给被告知者需遵循的准则或事项，具有行政约束力或法律效力。

## 8.7.2 通告的格式、要点和技巧

通告一般由标题、正文和落款这3部分组成，其中落款包括发文机关名称、印章和发文日期，没有什么特殊的格式和要求，拟写者需要关注标题和正文的格式与要点，以及通告的写作技巧。

扫码看教学视频

### 1. 标题

通告的标题一般有4种写作形式，具体如下。

（1）直接以文种命名：如《通告》。如果要公布的通告是紧急的，此时应该在文种前加上"紧急"二字。

（2）事由+文种：如《关于×××的通告》。

（3）发文机关+事由+文种：如《××政府关于对××路段实施交通限行措施的通告》。

（4）发文机关+文种：如《××市人民政府通告》。

### 2. 正文

通告正文部分的写作顺序是介绍缘由、介绍事项、结语。缘由部分主要阐述发布通告的背景、依据和原因等，可以使用特定句式引出下文，如"为/根据……，特通告如下："。

通告的事项部分是正文的主体，它主要包括以下两个方面。

（1）要公布的周知性的具体事项，条理清楚，一一列明。

（2）对告知事项执行的具体要求，明确需要做什么，以便理解并执行。

通告的结语部分有其特定范式和写法，一般写成"特此通告""本通告自发布之日起实施"等。

### 3. 写作技巧

在拟写通告的过程中，掌握一定的写作技巧可以更快地写出优秀的通告。一般来说，要写好一篇通告，应该掌握以下技巧。

（1）结构条理清楚、层次分明。拟写者需注意在正文主体部分，层次分明、逻辑清晰地表述通告的内容。

（2）内容明确具体、观点鲜明。架构好了通告的条理和层次，然后要对具体内容进行陈述，同时事项要明确具体、观点要鲜明，以便被告知者理解和执行。

（3）内容引用确切、权威规范。通知的事项是以国家方针政策或法律法规为指引的，因此要保证内容中的事项和执行要求是符合相关法律法规的，确保其权威性。

（4）语言通俗易懂，便于理解。虽然通告的内容多涉及专门性或专业性强的事项，但通告需要考虑被告知者的广泛性，因此所有通告的内容都应该采用通俗易懂的语言来拟写，方便所有相关人员知悉明了。

## 8.7.3  通告与公告的区别

扫码看教学视频

通告与公告都是对外公布的公文，具有传播广泛性，这是它们的相同之处，但它们在发文机关、发布内容、发布方式和告知范围上存在着差别，如图8-12所示。

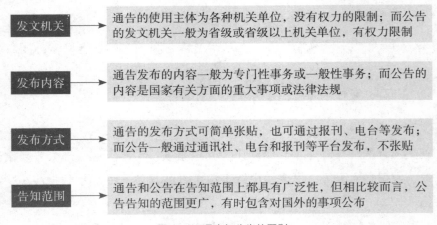

| 发文机关 | 通告的使用主体为各种机关单位，没有权力的限制；而公告的发文机关一般为省级或省级以上机关单位，有权力限制 |
| 发布内容 | 通告发布的内容一般为专门性事务或一般性事务；而公告的内容是国家有关方面的重大事项或法律法规 |
| 发布方式 | 通告的发布方式可简单张贴，也可通过报刊、电台等发布；而公告一般通过通讯社、电台和报刊等平台发布，不张贴 |
| 告知范围 | 通告和公告在告知范围上都具有广泛性，但相比较而言，公告告知的范围更广，有时包含对国外的事项公布 |

图 8-12  通告与公告的区别

## 8.7.4　用AI写作通告

扫码看教学视频

　　在通过举例让AI写作通告时，拟写者可以选取一篇内容相似的通告作为范文，例如本案例要写作一篇禁止在公路上打场晒粮的通告，选取的范文是一篇禁止在校园周边占道摆摊设点的通告，两者都是禁止做某事，对违反通告的人员都有一定的处罚措施，这样可以让AI更好地理解和生成。下面介绍具体的操作方法。

**RI** 提问

　　正值秋收时节，K县人民政府为了防范道路交通事故，确保全县道路畅通和交通安全，营造良好的生产生活环境，根据《中华人民共和国公路法》《中华人民共和国公路安全保护条例》《中华人民共和国道路交通安全法》和《中华人民共和国治安管理处罚法》等有关法律法规的规定，决定发布一个禁止在公路上打场晒粮的通告，时间为2026年9月12日，通告即日起生效。

　　禁止的行为具体包括在干线公路和县乡村道路上进行堆放秸秆、碾压秸秆等打场晒粮，在公路两侧路肩边沟和城区道路两侧堆放秸秆杂草、杂物及倾倒垃圾等。

　　县公安、交警、交通等部门和公路沿线各乡镇要认真履行各自的职责，加大对辖区内占用公路打场晒粮行为的巡查、监管和整治力度。

　　对于已经劝阻过但仍拒不改正的人员，交通管理部门和公安部门将依据《中华人民共和国公路法》等有关法律法规给予相应的处罚，并强制转移障碍物。情节严重构成犯罪的，依法追究刑事责任。

　　请你阅读下面这篇通告范文，根据以上提供的信息，用同样的结构和要素写作一篇通告，要求：对信息进行适当补充。

　　关于严禁在校园周边占道摆摊设点的通告

　　为进一步净化校园周边环境，保证食品安全，保障公众身体健康和生命安全，根据《H省城市市容和环境卫生管理条例》《H省食品安全条例》《无证无照经营查处办法》等有关规定，经研究，决定加大校园周边食品安全、环境秩序整治力度，现就有关事项通告如下：

　　一、严禁任何单位和个人在校园周边占道摆摊设点、无证经营、超范围经营餐饮。

　　二、校园周边门店经营者不得出店经营、乱堆物品及杂物。

　　三、自×××年××月××日起，在校园周边无证经营、超范围经营餐饮、出店经营、违规占道设小吃摊、杂货摊、瓜果摊等，一经发现，将根据规定坚决予以取缔，并依法进行处罚。

四、对拒绝、阻碍执法人员依法执法的，移交公安机关依照《中华人民共和国治安管理处罚条例》的规定处理；构成犯罪的，由司法机关依法追究刑事责任。

特此通告！

×× 县市场监督管理局

×× 县城市管理局

×× ×× 年 ×× 月 ×× 日

 ChatGPT

关于严禁在公路上打场晒粮的通告

为进一步维护公路交通秩序，保障道路畅通和人民群众的生命财产安全，根据《中华人民共和国公路法》《中华人民共和国公路安全保护条例》《中华人民共和国道路交通安全法》和《中华人民共和国治安管理处罚法》等相关法律法规的规定，经研究决定，特制定本通告，现就有关事项通告如下：

一、自2026年9月12日起，严禁任何单位和个人在干线公路及县乡村道路上进行堆放秸秆、碾压秸秆等打场晒粮行为。同时，禁止在公路两侧的路肩、边沟及城区道路两侧堆放秸秆杂草、杂物及倾倒垃圾等行为。

二、县公安、交警、交通等相关部门，以及公路沿线各乡镇政府要认真履行职责，加强对占用公路进行打场晒粮行为的巡查、监管和整治。

三、对已被告知但仍拒不改正的单位和个人，交通管理部门和公安部门将依据《中华人民共和国公路法》等有关法律法规给予处罚，并有权采取强制措施转移障碍物。对情节严重构成犯罪的行为，将依法追究刑事责任。

四、广大民众如发现违法行为，请及时向相关部门举报。各级部门应加强对举报信息的管理，及时处理群众反映的问题，确保公路交通安全。

特此通告！

K县人民政府

2026年9月12日

# 8.8　通知

通知是向有关机关或单位人员传达需知晓的事项的法定类公文，也是一种知照性公文，适用于法规、规章的发布，事项安排的传达等。

## 8.8.1 通知的特点和分类

扫码看教学视频

在日常生活中，通知的应用非常广泛，其目的就是通过通知的形式以公开的方式向相关单位和个人传达某一事项或文件。通知主要有 4 个特点，具体内容如下。

### 1. 应用的广泛性

通知在应用的广泛性上主要表现在两个方面，一是发文主体的广泛性，即发文机关不受限制；二是受文对象的广泛性。

### 2. 事项的时效性

通知所传达的事项，是有关机关或部门当下较为关心的事项，要求被通知者在规定的时间内快速处理，并严格执行。

### 3. 内容的真实性

通知是告知人们应该怎么做的公文，因而其中所包含的内容必须是真实的，且这种真实性表现在合乎实际情况方面。

### 4. 格式的简便性

通知的篇幅一般不宜过长，结构没有限制，语言可以灵活多变，若一次通知没有交代清楚，可以进行补充通知。

通知按内容和性质划分，可以分为 6 种类型：指示性通知，即上级机关对下级机关的工作开展进行指示的通知；发布性通知，主要用于发布各种行政或党政规章制度；事务性通知，用于日常工作中事务性事项的信息或指示传达；转发性通知，用于转发上级机关和不相隶属机关的文件；批转性通知，用于上级机关批转下级机关的文件；任免性通知，用于任免和聘用干部。

## 8.8.2 通知的格式、要点和技巧

扫码看教学视频

标题、主送机关、正文和落款是通知的基本格式。下面就通知的格式、要点和技巧进行详细介绍。

### 1. 标题

一般来说，通知的标题拟写有以下两种形式。

（1）发文机关+事由+文种：如《××市人民政府关于××的通知》，这是一般通知标题的常规写法。

（2）事由+文种：如《关于任免××的通知》。

若是发布规章的通知，则需要把规章名称以书名号的形式括起来表现在标题中，以示区分。

### 2. 主送机关

通知的发文对象数量不定，其主送机关可能不止一个，因而在对主送机关进行排列时应注意其规范性。对主送机关，应该按照以下原则进行排序。

（1）先外后内原则，即排在前面的是下一级的地方政府，然后才是本机关的职能部门。

（2）党政军群原则，即按照党、政、军、群4个系统的先后顺序进行排列，这是在党的文件中运用得比较多的原则。

### 3. 正文

通知的正文按照开头、主体和结尾3部分来划分内容，一般开头陈述缘由，主体陈述事项，结尾陈述要求。

### 4. 落款

通知的落款一般包括发文机关、发文日期和发文机关印章。若标题中已经注明了发文机关，则无须在此重复注明。

### 5. 写作技巧

作为一种应用得比较广泛的公文，通知在写作的过程中逐渐形成了一定的写作技巧和要求，具体来说，表现在以下几个方面。

（1）语言要庄重、平实。在语言上，通知必须是庄重、平实的。

（2）讲求时效与实效。通知为了不耽误工作、避免损失，一般要求注意其时效性，快速行文，从而有利于更好地安排工作。从实效性方面来说，通知的目的在于指导和推动工作开展，因而要注意在发布通知时，做到数量适中，不得滥发。

（3）具体事项要合理完整。在通知的主体部分，当事项较多时，应当对其进行细致的陈述，要交代完整，并且要求明确，明确每一步工作的要求和安排，以便被通知者知悉。

## 8.8.3 用AI写作通知

通知的内容可长可短，只要将事项交代清楚即可，与事项相关的资料，一般作为附件一并发布。下面介绍具体的操作方法。

扫码看教学视频

RI 提问

请帮我按照以下格式和信息写一则通知：

标题为"关于印发《Z市民办教育发展专项资金管理办法》的通知"；

主送机关为各区县（市）教育局、市民办教育协会、相关民办学校；

通知的主要内容为将《Z市民办教育发展专项资金管理办法》印发给主送机关，希望大家严格遵照执行；

附件为Z市民办教育发展专项资金管理办法；

发文机关为Z市教育局；

通知时间为2026年4月16日。

ChatGPT

关于印发《Z市民办教育发展专项资金管理办法》的通知

各区县（市）教育局、市民办教育协会、相关民办学校：

为进一步规范Z市民办教育发展专项资金的管理和使用，提高资金使用效益，促进Z市民办教育健康、可持续发展，经研究决定，现将《Z市民办教育发展专项资金管理办法》印发给你们，请遵照执行。

请各单位严格按照《Z市民办教育发展专项资金管理办法》的要求，加强对专项资金的管理，确保资金使用的合规性、有效性。对于违反管理办法的行为，将依法依规进行处理。

附件：Z市民办教育发展专项资金管理办法

Z市教育局

2026年4月16日

# 8.9 通报

通报是上级机关将表彰、批评、情况等对下级机关作出说明的法定类公文，在日常生活中有着广泛的应用。

## 8.9.1 通报的特征和分类

通报是上级机关把有关的人和事告知下级机关的公文文种，适用于各级党政机关。通报具有对好人好事予以表彰、对错误及歪风邪气予以批评和对重要事项予以告知的作用。通报在含义和内容上主要体现出以下3个特征。

扫码看教学视频

（1）教育性。通报通过传达经验、教训，进行思想教育。

（2）告知性。通报的内容是传达生活中的一些现实问题。

（3）政策性。通报所涉及的决定有政策或法律的依据。

通报从不同的角度可以分为不同的类型，具体如下。

（1）从内容上划分，通报可以分为表彰性通报、批评性通报和情况性通报。

（2）从写作方法上划分，通报可以分为直述性通报（包括综合性通报和专题性通报）、转述性通报（正式通报和参阅通报）。

（3）从行文主体上划分，通报可以分为独立行文通报和联合行文通报。

## 8.9.2　通报的格式、要点和技巧

扫码看教学视频

无论哪种形式的通报，其格式是类似的，一般包括标题、成文日期、主送机关、正文和落款这5部分。

### 1. 标题

通报的标题主要有文种、发文机关+事由+文种、事由+文种和发文机关+文种这4种形式。

### 2. 成文日期和主送机关

通报在格式上比较自由，如有些通报会把成文日期置于落款中，不单独标注；有些通报则不注明主送机关。

### 3. 正文

通报的正文可以分为3部分，即提出问题、分析问题和解决问题，这是每一篇通报必须重视和说清楚的内容。

### 4. 落款

通报的落款即署名和日期，包括发文机关、发文机关印章和发文日期。若标题中已经注明了发文机关，则落款处可以省略发文机关及其印章。

### 5. 写作技巧

在拟写通报的过程中，拟写者需要掌握一定的写作技巧，从而快速地拟写好一篇完整的通报。有关通报的写作技巧，具体说明如下。

（1）内容方面。

在拟写通报的内容时，可从适用范围的明确、内容的选取及观点的陈述3个方面进行考虑。

- 首先，需要明确通报的适用范围，一般是表彰事迹、批评错误和告知事项这3个方面的内容。
- 其次，在确定内容范围之后，对选择的材料进行取舍，选择一些具有代表性的内容。如表彰性通报，即选择值得人学习、较为突出的人或事迹进行表彰通报。
- 最后，通报的拟写者会表达一些自己的观点或情感，在陈述这些观点时，需要考虑其是否中肯，做到不夸大、不歪曲事实。

（2）叙述方面。

在正式拟写通报时，要按照一定的结构进行拟写，从而使陈述内容条理清晰、层次分明。一篇优秀的通报在结构的把握上是恰如其分的，并且在语言的运用上是准确规范的。

## 8.9.3 通报、通知、通告的区别

通报、通知、通告都是具有告知作用的法定类公文，这是它们共有的特征，但这3种文体又有着区别，具体如图8-13所示。

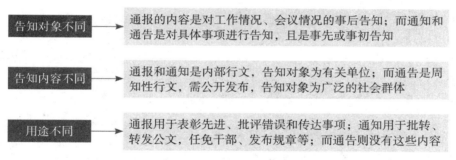

| 告知对象不同 | 通报的内容是对工作情况、会议情况的事后告知；而通知和通告是对具体事项进行告知，且是事先或事初告知 |
| 告知内容不同 | 通报和通知是内部行文，告知对象为有关单位；而通告是周知性行文，需公开发布，告知对象为广泛的社会群体 |
| 用途不同 | 通报用于表彰先进、批评错误和传达事项；通知用于批转、转发公文，任免干部、发布规章等；而通告则没有这些内容 |

图8-13 通报、通知、通告的区别

## 8.9.4 用AI写作通报

拟写者在运用AI写作通报时，通报的对象和事项必须完整提供给AI，这样才能让生成的通报充分发挥其作用。下面介绍具体的操作方法。

**RI 提问**

请帮我按照以下格式和信息写一则通报，要求：不要标注格式的名字，将注意事项用阿拉伯数字分点列出。
标题为"关于2026年度1月份巡河工作完成情况的通报"。
主送机关为各工作片区、各行政村（社）。

通报的内容：根据县治水办通报反馈，2026年1月份，木槿街道的许村未及时完成第二轮巡河工作、刘村未及时完成第三、四轮巡河工作，对这些村予以通报，希望各村河长认真对待和完成巡河工作。

注意事项：每月巡河任务的第一轮为1日至7日、第二轮为8日至14日、第三轮为15日至21日、第四轮为22日至28日；各片区要严格落实河长巡查制度，做好自查，认真分析巡河工作中存在的问题，督促各村河长履职尽责。

发文机关为V县人民政府木槿街道办事处。

通报时间为2026年2月4日。

## ChatGPT

**关于2026年度1月份巡河工作完成情况的通报**

各工作片区、各行政村（社）：

根据县治水办的通报反馈，我们在此向各工作片区及各行政村（社）通报2026年1月份巡河工作完成情况。通报内容如下：

- 木槿街道的许村未能及时完成第二轮巡河工作。

- 刘村未能及时完成第三、四轮巡河工作。

对于上述情况，我们希望各村河长能够认真对待并完成巡河工作。为了确保河流的良好管理和保护，我们特别强调以下几点：

1. 每月巡河任务的分配。

  - 第一轮巡河工作应在每月的1日至7日完成。

  - 第二轮巡河工作应在每月的8日至14日完成。

  - 第三轮巡河工作应在每月的15日至21日完成。

  - 第四轮巡河工作应在每月的22日至28日完成。

2. 河长巡查制度的落实：各片区必须严格执行河长巡查制度，确保巡河任务的顺利完成。

3. 自查与问题分析：各村应定期进行自查，并认真分析在巡河工作中遇到的问题，从根本上找出问题所在。

4. 督促履职尽责：各级管理部门应督促河长履行其职责，确保巡河工作的有效进行。

我们期待各村河长能够高度重视此次通报的内容，采取有效措施改善和提升巡河工作的质量。请各相关单位和个人严格遵守上述规定，共同努力保护我们的水环境。

V县人民政府木槿街道办事处

2026年2月4日

# 本章小结

本章主要向读者介绍了9种法定类公文的写作知识，具体内容包括报告、请示、决议、决定、命令、公告、通告、通知和通报的基本信息、格式、要点与技巧，并分别安排了9个AI写作案例，介绍对应公文的写作方法。

通过对本章的学习，读者能够更好地了解这9种法定类公文的基础知识，并掌握用AI写作这些公文的方法和技巧。

# 课后习题

鉴于本章知识的重要性，为了帮助读者更好地掌握所学知识，本节将通过课后习题，帮助读者进行简单的知识回顾和补充。

1. 用AI写作一篇通知，取一个标题，通知对象为公司全体员工，通知的内容为因电路问题，E公司将于2026年11月5日至7日进行停工整改，在此期间，全体员工在家线上办公，并在每天的下午5点将当天业绩汇报给直属领导，11月8日恢复正常上班，如有变动，另行通知，发文方为E公司行政部，通知的时间为2026年11月2日，回复内容如下。

扫码看教学视频

（S） ChatGPT

关于2026年11月5日至7日停工整改的通知

E公司全体员工：

根据公司运营需求，经过综合考虑，因电路问题，我公司决定于2026年11月5日至2026年11月7日进行停工整改。在此期间，全体员工将采用在家线上办公的方式进行日常工作。

请各位同事注意以下几点。

1. 线上办公安排：请大家在家中准备好所需的办公设备，并确保网络通畅，以便顺利完成线上办公。

2. 业绩汇报：全体员工需在每天下午5点之前，将当天的工作业绩通过电子邮件或公司指定的线上平台汇报给直属领导，以便领导层及时了解工作进展和成果。

3. 恢复正常上班：停工整改结束后，即从2026年11月8日起，公司将恢复正常的上班模式。届时，请大家按照正常的上班时间到公司进行工作。

4. 后续通知：如有关于停工整改的任何变动或者更新，公司将通过邮件或其他方式及时通知大家，请大家保持通信畅通，以便接收最新信息。

E公司行政部

2026年11月2日

2. A市B县环境保护局的监察大队核定编制有15名，现有人员8名，空编7名，为了满足当前环境监察工作需要，2026年该局环境监察大队拟招聘4名环境科学与工程专业、本科以上学历、年龄在35周岁以下的事业人员，现需要就此事向A市环保局进行请示，请根据以下格式，用AI写一篇请示，回复如下。

扫码看教学视频

 ChatGPT

**关于招聘环境科学与工程专业事业人员的请示**

A市生态环境局：

B县生态环境局的监察大队核定编制有15名，现有人员8名，空编7名。鉴于环境监察工作的需求不断增加，为了满足当前及未来的环境监察工作需要，我们拟在2026年招聘4名环境科学与工程专业、本科以上学历、年龄在35周岁以下的事业人员。

妥否，请批示复。

B县生态环境局

2026年1月8日

# 第 9 章
## 事务类公文的写作

事务类公文服务于纷繁复杂的工作事项或工作任务，它包含工作前的计划拟订、工作中的情况反馈，以及工作后的总结这3个方面的内容。本章将具体介绍事务类公文的写作方法。

## 9.1 工作计划

在开展工作的过程中，有一个合理的工作计划能够帮助工作有序地进行，从而达到事半功倍的效果。工作计划是事务类公文的一种，其拟写有相应的写作要求。

### 9.1.1 工作计划的特点和分类

扫码看教学视频

工作计划是在开展工作之前拟订的关于具体内容和设计安排的公文文种，属于事务类公文范畴，它是一种在实际工作和生活中有着广泛应用的公文，具有以下4个主要特点。

（1）预见性：工作计划是对未来工作的事先拟订，具有预见性。

（2）针对性：工作计划是对某一项具体工作任务或某一专业领域的工作进行事先拟订，因而具有特定的针对对象。

（3）可行性：计划的制订需结合实际情况，可操作性强。

（4）约束性：计划的制订对今后的工作具有一定的规范与制约。

工作计划存在不同的分类标准和方法，如内容、适用范围、时间、任务类型等。例如，根据内容可将工作计划分为社会发展工作计划等综合性计划和生产工作计划等单项计划；根据任务类型可将工作计划分为日常工作计划和临时工作计划等。

### 9.1.2 工作计划的格式、要点和技巧

扫码看教学视频

标题、正文和落款是工作计划的基本格式。下面将从工作计划的这3部分，以及写作要点和技巧等方面进行介绍。

**1. 标题**

从工作计划的组成要素来看，标题主要包括发文单位、时限、事由和文种，它们共同构成了工作计划的标题"四要素"。

**2. 正文**

工作计划的正文一般包括开头和主体这两个方面的内容，其中开头部分是对工作计划指导思想的陈述，是工作计划的思想基础和依据；而主体部分应在3个方面对计划进行介绍，如图9-1所示。

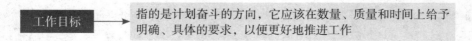

工作目标　指的是计划奋斗的方向，它应该在数量、质量和时间上给予明确、具体的要求，以便更好地推进工作

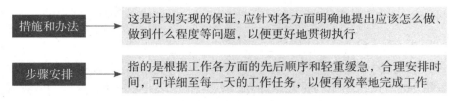

| 措施和办法 | 这是计划实现的保证，应针对各方面明确地提出应该怎么做、做到什么程度等问题，以便更好地贯彻执行 |
| 步骤安排 | 指的是根据工作各方面的先后顺序和轻重缓急，合理安排时间，可详细至每一天的工作任务，以便有效率地完成工作 |

图 9-1　工作计划的正文主体部分

### 3. 落款

工作计划的落款一般需注明单位名称和时间，当工作计划需要上报或下达时，还应加盖公章。

### 4. 写作技巧

在写作工作计划的过程中，应该从3个方面加以注意，具体如下。

（1）实现上情与下情的紧密结合。

这是从工作计划的内容上来说的，一方面，对上级的政策、规定、要求了解清楚；另一方面，全面了解本单位、本部门的实际情况，然后找准上级要求与部门实际情况的切合点进行工作计划的安排和拟写。

（2）工作计划要切实可行。

这是工作计划制定的标准，只有能够具体实施的计划才能称为"工作计划"，否则就是空想。而保证工作计划的切实可行，就需要在内容上确定目标，并针对目标制定具体可行的措施。

（3）语言要求简明扼要。

在语言表达上，工作计划要简练、具体明确。工作计划是给未来的工作提供具体实施的指导和方向的公文，它一方面要求读者能够看懂，了解工作安排；另一方面，它不是实施过程，不是越详细越好，需要用最精练的语言准确地表达计划内容。

## 9.1.3　用AI写作工作计划

扫码看教学视频

制定一个严谨、合理的工作计划，可以帮助拟写者有条不紊、按部就班地开展和完成工作。在运用AI写作工作计划时，拟写者需要将工作的目标、时限、已有的资源和安排告知AI。下面介绍具体的操作方法。

RI 提问

××部门准备举办一场聚焦人工智能和机器学习的技术研讨会，旨在促进学术交流，希望能吸引至少200名参与者。研讨会的日期定在2024年5月20日，目前还有一个月的准备时间，团队成员有1名项目经理、2名内容策划与2名市场和宣传人员，预算为7万元，准备在本地会议中心举办，想邀请行业内的专家和学者参与。需要完成的工作有：确定讲者名单和会议议程、场地和设备的预订、市场推广和宣传活动、注册和票务管理，以及当天的活动安排和后勤支持。

请根据这些信息，制作一份工作计划，包括标题、正文和落款3部分，其中标题为"发文单位+时限+事由+文种"，落款为××部门，时间为2024年4月18日

## ChatGPT

标题：××部门·2024年5月20日人工智能与机器学习技术研讨会工作计划

正文：

为了成功举办2024年5月20日的人工智能与机器学习技术研讨会，促进学术交流，吸引至少200名参与者，本部门制订了以下详细的工作计划。我们的团队由1名项目经理、2名内容策划与2名市场和宣传人员组成，预算为7万元，会议将在本地会议中心举办。

一、确定讲者名单和会议议程（时间限定：2024年4月20日前完成）

- 内容策划人员负责联系行业内的专家和学者，确定意愿参与的讲者名单。
- 根据讲者的研究方向和成就，设计会议议程，确保涵盖人工智能与机器学习的关键领域。

二、场地和设备预订（时间限定：2024年4月22日前完成）

- 项目经理负责与本地会议中心沟通，预订合适的会场和所需的音视频等设备。
- 确保场地可以容纳预期的参与者数量，并有适当的布局以便进行演讲和讨论。

三、市场推广和宣传活动（时间限定：2024年4月20日至5月19日进行）

- 市场和宣传人员设计并实施宣传计划，包括社交媒体、行业媒体和本地媒体的广告。
- 制作和分发宣传材料，如海报、电子邮件通知和会议日程。

四、注册和票务管理（时间限定：2024年4月23日至5月19日进行）

- 建立在线注册和票务系统，确保参与者能够轻松报名参加。
- 设立早鸟票和团体票等优惠，吸引更多的参与者。

五、当天的活动安排和后勤支持（时间限定：2024年5月20日）

- 安排志愿者负责现场注册、指引和其他必要的支持工作。
- 确保所有演讲和活动按照计划顺利进行，包括茶歇和午餐等餐饮安排。

落款：

××部门

2024年4月18日

# 9.2　汇报

　　汇报，属于报告类文体，指的是下级工作人员将自己的工作情况、品德素养等汇总向上级领导陈述的一种事务类公文。本节将具体介绍汇报的写作方法。

## 9.2.1　汇报的特点和作用

　　汇报是一种事后行文，因此带有总结性文体的特点，同时也具有自身的一些特点，如图9-2所示。

扫码看教学视频

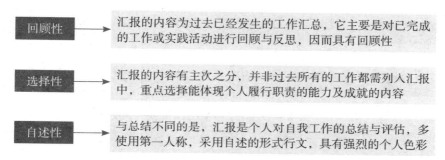

图9-2　汇报的主要特点

　　汇报具有信息共享、让领导有参与感、审视工作等作用，具体内容如下。

　　（1）汇报工作是工作的组成部分，能够发挥信息共享的作用。下级工作人员向领导汇报工作，有助于领导随时掌握工作进度，从而保证信息畅通。

　　（2）汇报工作能够让领导有参与感，使领导感到被尊重。下级工作人员在汇报工作的同时，使得领导参与到工作中，当工作有困难时，领导可调动资源给予帮助，并且领导可以随时掌握其工作动态，增加领导对工作人员的信任感。

　　（3）定期汇报可帮助我们形成定期审查工作的习惯，自己的自我反省与领导的建设性意见相结合，可使得工作具有明确的方向，以确保工作顺利进行。

## 9.2.2　汇报的格式、要点和技巧

扫码看教学视频

　　汇报一般由标题、称谓、正文和落款这4部分组成。下面将具体介绍汇报的格式、要点和技巧，帮助大家更好地掌握汇报的写作方法。

### 1. 标题

　　汇报的标题一般由时间、汇报者（制发单位）、事由和文种4部分构成，如《××体育局上半年体育工作汇报》。

### 2. 称谓

称谓是对听其汇报的人的称呼，可视汇报场合和听众对象而定。称谓在标题之下顶格书写，一般口头汇报中需要，书面汇报可不写。

### 3. 正文

汇报的正文包括前言、主体和结尾这3个部分，具体内容如图9-3所示。

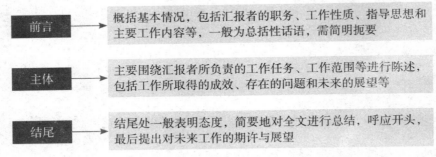

| | |
|---|---|
| 前言 | 概括基本情况，包括汇报者的职务、工作性质、指导思想和主要工作内容等，一般为总括性话语，需简明扼要 |
| 主体 | 主要围绕汇报者所负责的工作任务、工作范围等进行陈述，包括工作所取得的成效、存在的问题和未来的展望等 |
| 结尾 | 结尾处一般表明态度，简要地对全文进行总结，呼应开头，最后提出对未来工作的期许与展望 |

图 9-3  汇报正文内容的 3 个部分

### 4. 落款

汇报的落款应注明汇报者的姓名、单位名称或部门名称，以及汇报时间。

### 5. 写作技巧

在拟写汇报时，有必要掌握一定的写作技巧，以便顺畅地行文，具体内容如下。

（1）明确目的。

在拟写汇报之前，应事先想好这次汇报需达到一个什么样的目的，并以此为主题思想组织材料，贯穿汇报全文。

（2）抓住重点。

主次分明，重点突出，是一篇优秀汇报的范式。在拟写过程中，以汇报的目的、领导的要求为指引，找出自己认为重要的工作内容详细地汇报，次要的工作内容简略说明，令人一目了然。

（3）实事求是。

实事求是是汇报工作的基本原则，也是个人职业素养、职业道德的体现。对于所汇报的内容必须是真实有效的，不得随意捏造。

## 9.2.3  用AI写作汇报

在运用AI写作汇报时，拟写者可以按照汇报的格式，将每个部分的相应内容和信息排列并提供给AI，这可以让AI更清晰、直观地了解要写作的内

扫码看教学视频

容。下面介绍具体的操作方法。

RI **提问**

F公司的华东分部需要向业务部门汇报2026年第一季度的工作情况，请你根据下面提供的格式和信息写一篇汇报，不要将"前言""主体""结尾""落款""时间"写出来。

标题为"华东分部关于2026年第一季度工作情况的汇报"。

前言简单介绍一下华东分部。

主体部分用阿拉伯数字分点陈述：2026年第一季度，华东分部共完成49万元的业务总额，同比增长了7%，增长的原因为产品的创新和升级、销售渠道的扩展，以及政府补贴政策的帮助；目前在工作中仍存在一些问题，如新人才招聘困难、客户关系管理有待加强等。

结尾部分表达华东分部对未来工作的展望。

落款为华东分部，时间为2026年4月16日。

ChatGPT

**华东分部关于2026年第一季度工作情况的汇报**

作为F公司业务部门的一个重要组成部分，华东分部承担着在华东地区推广公司产品与服务的重任。凭借团队的努力和公司的支持，我们不断在市场上拓展新的机会。

1. 在2026年第一季度，华东分部成功实现业务总额49万元，与去年同期相比增长了7%。这一成果主要归功于以下几个方面：

　　- 产品的持续创新和升级，使我们能够更好地满足市场和客户的需求。

　　- 销售渠道的有效扩展，增加了我们产品的市场覆盖率和客户接触点。

　　- 政府的补贴政策为我们提供了额外的财务支持，使我们能以更具竞争力的价格提供产品和服务。

2. 尽管业务总额有所增长，但我们也面临着一些挑战和问题，需要在未来加以解决：

　　- 新人才的招聘工作面临困难，特别是在寻找与我们业务发展方向相匹配的专业人才方面。

　　- 客户关系管理方面有待加强，需要进一步提高我们的服务质量和客户满意度，以促进客户忠诚度的提升。

面对未来，华东分部将继续致力于优化产品和服务，加强与客户的沟通与合作，并采取有效措施吸引并留住人才，以支持部门的持续发展和业务的扩展。我们相信，通过不断的努力和改进，华东分部将能够克服当前的挑战，实现更加出色的业绩。

华东分部

2026年4月16日

# 9.3 工作总结

工作总结是对过去已完成的某一阶段的工作进行回顾总述与分析的事务类公文，它的存在主要是通过总结与分析，来提高拟写者对工作的认识，并指导之后的工作。本节将具体介绍工作总结的写作方法。

## 9.3.1 工作总结的特点和分类

工作总结主要是通过回顾过去的工作，取长补短，以起到指导今后工作的作用。工作总结具有3个特点，具体如图9-4所示。

扫码看教学视频

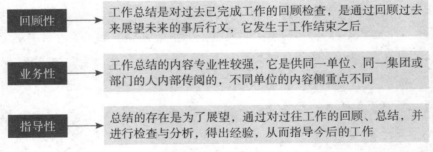

图 9-4 工作总结的特点

工作总结可以从内容性质、适用范围和时间等方面划分成不同的类型。

（1）从内容上，工作总结可分为综合总结和专题总结两类，详细内容如图9-5所示。

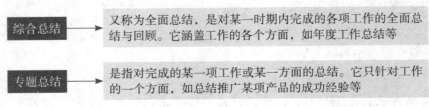

图 9-5 工作总结的两种类型

（2）从范围上，工作总结可分为全国性总结、地区性总结、部门性总结、本单位总结和班组总结等。

（3）从时间上，工作总结可分为年度总结、月总结、季度总结、周总结和阶段性总结等。

## 9.3.2　工作总结的格式、要点和技巧

扫码看教学视频

工作总结一般包含标题、正文和落款这3部分，下面对工作总结的格式、要点和技巧进行详细介绍。

### 1. 标题

工作总结的标题形式不定，能够表达出完整的意思即可。一般来说，一个完整的工作总结的标题包括单位名称、时间、事由和文种这4部分，但有些部分也可以省略不写，或者用副标题的形式补充。

### 2. 正文

工作总结的正文部分即主要工作内容的概括，一般包括前言和主体两部分，具体内容如下。

（1）前言：前言即前情提要，交代总结的基本信息和基本情况，如工作性质、时代背景、总结的目的等，简明扼要地导向主体内容。

（2）主体：主体部分的内容包括所做的工作、取得的成绩、经验教训和对今后工作的展望等。主体部分有3种写作形式，具体如图9-6所示。

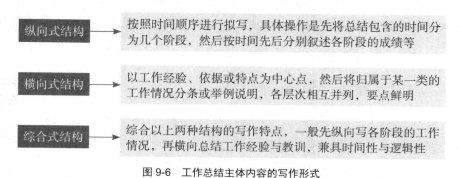

**图 9-6　工作总结主体内容的写作形式**

### 3. 落款

总结的落款包括署名和日期。若是单位总结，则单位名称一般在标题中或标题之下注明；若是个人总结，则署名与日期均在正文结束后的右下方。有些总结随文发送，可以不标注落款。

### 4. 写作技巧

为了更快地拟好一篇工作总结，拟写者应掌握一些写作技巧，详细内容如下。

（1）提炼材料。

当一定阶段内完成的工作相对复杂或烦琐时，全部写入总结会导致冗杂，因此在动笔之前需要对工作内容进行筛选，将工作任务、工作要点概括性地提炼出来，保留具有彰显性的内容，修剪"末端枝叶"。

（2）突出重点。

完成的工作必然有轻重之分，将提炼出的材料按照主要方面与次要方面的工作进行归纳与总结，抓住重点，详略得当。而且，条理清晰地说明会给人一目了然之感，也会对后续工作发挥更好的参考性。

（3）体现特色。

特色，即区别不同事物的特征，总结的拟写需要体现出特色，这是单位或个人具有独一无二不同方式行事的表现，其获得的经验与感悟也会有所不同。拟写总结的特色可在整合材料的基础上，认真比对与分析，找出特别之处，即特色所在。

（4）实事求是。

实事求是体现在总结已完成的工作中，既是对所取得的工作成绩的如实说明，又是对工作中出现的问题、存在的不足等的客观评价，一切从实际出发，以达到正确的认识和形成实打实的经验，对后续工作的推进也有更好的指引作用。

（5）语言风格。

拟写总结时，可按照个人的语言风格，或优美，或严肃，但需在语言流畅的基础上进行写作。在内容的衔接上、材料的组合上、观点的呈现上等方面，尽量做到独具一格，令人耳目一新。

## 9.3.3 用AI写作工作总结

扫码看教学视频

想让AI帮忙写作工作总结，拟写者就应当将完成的工作告知AI，并写明对工作总结的要求。下面介绍具体的操作方法。

RI 提问

小花是运营部的一个员工，主要负责公司小红书账号的运营，3月份她运营的小红书账号一共发布了19篇文字笔记和7篇视频笔记，平均点赞数为4千，关注人数突破了1万，并且有120位粉丝购买了账号的会员服务。4月份，小花准备推出五一旅游的系列笔记，希望可以继续提升账号的粉丝量和会员数。

请你根据以上信息帮小花写一篇工作总结，要有一个标题，日期为2026年4月1日，署名和日期都写在工作总结的最后

**ChatGPT**

小红书账号3月份运营工作总结

在2026年3月，作为公司小红书账号的主要运营人员，我负责了账号的日常内容策划与发布工作。这个月，我们的账号活动丰富，成效显著，特别是在内容创新和粉丝互动方面取得了积极的进展。

一方面，我们紧密跟踪用户需求和市场趋势，发布了19篇文字笔记和7篇视频笔记，涵盖了产品推荐、使用体验分享及行业趋势解读等多个方面。这些内容均得到了用户的广泛认可，平均点赞数达到了4000，充分展示了我们内容的吸引力和影响力。

另一方面，我们的关注人数在这个月突破了1万，这是一个重要的里程碑，标志着我们品牌影响力的持续扩大。同时，120位粉丝购买了账号的会员服务，这不仅增加了账号的收益，也反映了用户对我们内容的认可和对品牌的忠诚度。

鉴于3月份的成功经验，我们计划在4月份推出以"五一旅游"为主题的系列笔记。通过这一系列的笔记，我们希望能进一步提升账号的粉丝量和会员数，加深与用户的互动和联系。未来，我们将继续优化内容策略，探索更多吸引用户的方式，以实现品牌和业务的持续增长。

小花

2026年4月1日

# 9.4 述职报告

述职报告是党政机关领导干部对自己一定时期内履行职责情况的自我评述，它类似于"自我举荐信"，是干部管理与考核的重要依据。本节将具体介绍述职报告的写作方法。

## 9.4.1 述职报告的特点和分类

述职报告是用于考核干部任职情况、群众发挥民主监督作用的重要依据，具有以下4个特点。

扫码看教学视频

（1）主体自述性：述职报告同汇报一样，一般由述职者以第一人称进行拟写，从

干部考核的品德、能力和成绩等方面陈述自己的履职情况。

（2）内容限定性：述职报告在时间上有额定时间的限制，一般为某一段时间的任职情况；在内容上具体为岗位的职责目标及履职情况。

（3）以职责为中心：述职报告涉及的范围为个人的任职工作情况，强调个人发挥的作用，重点以岗位职责为中心进行工作情况的阐述。

（4）与考核相联系：述职报告除了让领导知晓述职者的工作情况，还将发挥考核述职者的作用，领导根据述职报告进行打分评定。

述职报告按其工作内容、写作方式等的不同，可以划分为不同的类型。

（1）按照工作内容和范围的不同，述职报告可以划分为专题性述职报告和综合性述职报告。

（2）按照写作方式的不同，述职报告可以划分为陈述性述职报告和随感性述职报告。

（3）按照呈现形式的不同，述职报告可以划分为书面报告式述职报告和会议讲话式述职报告。

## 9.4.2 述职报告的格式、要点和技巧

扫码看教学视频

述职报告一般由标题、称谓、正文和落款4部分组成。下面将具体介绍述职报告的格式、要点与技巧。

### 1. 标题

述职报告的标题有3种写作形式，具体说明如下。

（1）由"任职起止时间+所任职务+文种"构成，如《××年至××年任××职务的述职报告》。

（2）由"我的+文种"构成，如《我的述职报告》。

（3）直接写出文种，如《述职报告》。

### 2. 称谓

述职报告的称谓即对听述职的人的称呼，如"组织部""人事处""党委"等，顶格书写在标题下空一行的位置。

### 3. 正文

述职报告的正文是述职的主要内容，一般包括引言、主体和结尾3部分，各部分的具体要求如下。

（1）引言：概述任职的基本情况，如何时开始任职、所任何职、期间是否换过职务、作出的成效和分管的工作等。引言部分概述完成后，用"现在我就履职情况的具体内容报告如下"等类似过渡语引出主体内容。

（2）主体：对引言概述的内容进行说明，具体包括如图9-7所示的几个方面。

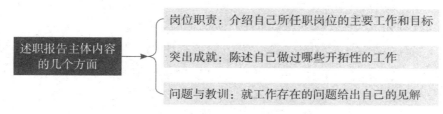

述职报告主体内容的几个方面

岗位职责：介绍自己所任职岗位的主要工作和目标

突出成就：陈述自己做过哪些开拓性的工作

问题与教训：就工作存在的问题给出自己的见解

图9-7　述职报告主体内容的几个方面

（3）结尾：述职者表明自己的愿望和态度，如对这份工作的今后设想、是否愿意继续任职等。

### 4. 落款

落款包括述职者的单位、姓名和时间，位于正文之后的右下方。

### 5. 写作技巧

拟写述职报告也有一定的写作技巧，具体内容如下。

（1）态度真诚

述职报告是对自己工作情况的陈述，有利于自己工作能力的展现与领导对其工作的认可，且"情寄托于文"，保持真诚的态度与情感是思想的基础，也是行文的必要条件。

（2）内容真实

述职是陈述自己做了什么事、做成了什么样、还需要做什么等，如实陈述即可，不能矫揉造作、随意杜撰。实事求是更有助于考核的公正性与客观性。

（3）语言简洁

述职报告要求态度真诚、内容真实，因此其语言表达也不必辞藻华丽，对所陈述的内容层次清晰、条理清楚即可，详略得当、简明扼要更能达到述职的目的。

## 9.4.3　用AI写作述职报告

在职场中，拟写者有时会需要撰写一份转正述职报告，介绍自己在试用期的工作内容和成就，以获得转正批准，此时就可以让AI来帮忙写作。下面介绍具体的操作方法。

扫码看教学视频

RI 提问

请根据以下内容和格式为小许写一份述职报告。

1. 标题为"个人转正述职报告"。

2. 称谓为"尊敬的领导"。

3. 正文包括引言、主体和结尾3部分，各部分的具体要求如下。

（1）引言：2025年7月6日入职，担任图书编辑助理一职，负责寻找未签约的优秀作品、辅助编辑完成其他工作，用"现在我就履职情况的具体内容报告如下"引出主体内容。

（2）主体：在工作的一个月中，我一共寻找了21部优秀作品，其中有3部作品被正式立项出版；辅助编辑完成了4本图书的封面设计和赠品设计。

（3）结尾：在这份工作中得到了很多锻炼，以后会继续努力，希望可以转正。

4. 落款：图书编辑部，小许，2025年8月8日，位于正文之后的右下方。

ChatGPT

**个人转正述职报告**

尊敬的领导：

自2025年7月6日入职以来，我担任图书编辑助理一职，主要负责寻找未签约的优秀作品及辅助编辑完成其他工作。现在我就履职情况的具体内容报告如下：

在工作的一个月中，我努力履行自己的工作职责，一共寻找了21部优秀作品。在这些作品中，有3部作品经过团队的评估和讨论，被我们正式立项出版。这不仅是对我工作的肯定，也是对作者们才华的认可。此外，我还辅助编辑完成了4本图书的封面设计和赠品设计工作，这些设计得到了同事们的好评和认可，也为图书的推广和销售增添了助力。

在这份工作中，我得到了很多锻炼，无论是专业技能还是团队协作能力都有了显著的提升。我深感荣幸能成为图书编辑部的一员，并对能够参与到这些有意义的工作中感到自豪。我相信，通过过去一个月的学习和工作，我已经具备了转正所需的能力和素质。

未来，我会继续努力，不断提升自己的专业能力，更好地完成各项编辑工作。我希望能够得到转正的机会，以便更好地为出版社贡献自己的力量。

图书编辑部

小许

2025年8月8日

# 本章小结

本章主要向读者介绍了事务类公文的写作知识，具体内容包括工作计划、汇报、工作总结和述职报告的基本知识、格式、要点与技巧，并分别安排了4个AI写作案例，介绍对应公文的写作方法。

通过对本章的学习，读者能够更好地了解事务类公文在日常生活和工作中的运用，并掌握事务类公文的写作方法。

# 课后习题

鉴于本章知识的重要性，为了帮助读者更好地掌握所学知识，本节将通过课后习题，帮助读者进行简单的知识回顾和补充。

1. 小袁是一家托儿所的人事专员，她在6月一共面试了95人，有31人入职，其中有27人参与了新员工培训，目前在职的有16人。请用AI帮她写一份6月招聘工作汇报，时间为2026年7月8日，回复内容如下。

扫码看教学视频

 ChatGPT

> **6月招聘工作汇报**
>
> 在过去的一个月中，我们的招聘团队致力于筛选和招募最合适的人才加入我们的托儿所。面对日益增长的人才需求，我们采取了积极的措施来吸引更多优秀的教育和管理人才。以下是我们6月份招聘工作的具体情况汇总。
>
> 1. 我们共对95名求职者进行了面试，经过严格的筛选，最终有31人成功入职。
>
> 2. 在这31名新员工中，有27人参加了为期一周的新员工培训，培训内容涵盖托儿所的运营理念、儿童教育知识及日常管理流程等。
>
> 3. 目前，只有16人在职，这意味着我们的员工留存率面临一定的挑战。
>
> 在招聘过程中，我们遇到了一些难题。首先，虽然有大量求职者，但符合我们要求的高素质人才相对较少。其次，新员工的快速流失率也是我们亟待解决的问题，这不仅影响了我们团队的稳定性，也增加了招聘和培训的成本。
>
> 展望未来，我们计划通过以下几个方面来改善招聘工作和提高员工留存率。
>
> - 加强与教育机构的合作，吸引更多即将毕业的学生加入我们的团队。
>
> - 优化培训程序，确保新员工能够快速融入团队，并对工作内容有深入的理解。
>
> - 提高员工满意度，通过建立更完善的福利体系和职业发展规划，留住人才。

我们相信，通过不断的努力和改进，我们能够吸引并留住更多优秀的人才，为托儿所的发展贡献力量。

小袁

2026年7月8日

2. 你是KK连锁美妆店的店长小云，2027年6月至8月，你们店开展了"不惧烈日 夏季美妆好物推荐"的活动，店铺的业绩有了显著提升，并且店铺微信公众号的粉丝量突破15万，店铺会员新增两千多人。但在活动的过程中，也暴露出人手不足、员工培训不够完善和店铺陈列不合理等问题。针对这场活动的优缺点，你需要写一份工作总结，以便在后续的工作中吸取经验和教训，回复内容如下。

扫码看教学视频

💬 ChatGPT

2027年夏季美妆促销活动工作总结

在2027年6月至8月，KK连锁美妆店开展了"不惧烈日 夏季美妆好物推荐"促销活动。此次活动极大提升了我们店铺的业绩，店铺微信公众号粉丝量突破了15万，会员新增人数超过了两千。这一切成绩的取得，离不开全体员工的辛勤努力和广大顾客的热情支持。

然而，活动的成功也暴露出我们店铺在管理和运营方面的若干问题。首先是人手不足的问题，活动期间多次出现顾客咨询高峰时段人手不够的情况。其次，员工培训不够完善，对某些新上市产品的了解和推介能力有待加强。最后，店铺陈列方面也存在不合理之处，导致部分热销商品未能得到充分展示。

为了在未来的工作中能够更好地发展，我们需要从这次活动中吸取经验和教训。接下来，我们将重点加强员工培训，优化店铺陈列，并适当增加人手，以提高服务质量和工作效率。我们相信，通过持续地努力和改进，KK连锁美妆店能够为顾客提供更加优质的服务和体验。

店长：小云

日期：2027年9月12日

# 10

# 第 10 章

## 规约类公文的写作

俗话说："没有规矩不成方圆。"规约类公文是将规矩成文的一类文书，主要用于规范人们的工作、行为及活动，适用于党政机关、社会团体和企事业单位。本章将具体介绍规约类公文的写作方法。

# 10.1　规定

在规约类公文中，规定是使用范围最广、使用频率最高的文种，也是一种具有较强约束力的文种。它是针对某些工作或事务制定的措施，要求相关部门贯彻执行。本节主要介绍规定的写作方法。

## 10.1.1　规定的特征和分类

规定，即领导机关或职能部门为了制定措施来处理特定范围内的工作和事务，而提出原则要求、执行标准和实施措施等的规约类公文。就其内容来说，规定主要分为方针政策性规定和具体事宜性规定两类。

与其他公文相比，规定体现出明显的规章性特征，具体如图10-1所示。

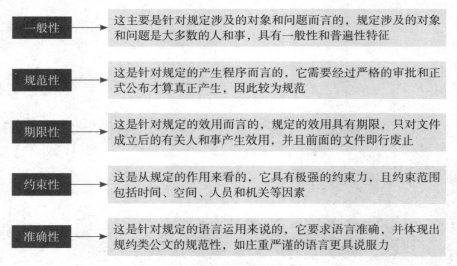

| 一般性 | 这主要是针对规定涉及的对象和问题而言的，规定涉及的对象和问题是大多数的人和事，具有一般性和普遍性特征 |
| 规范性 | 这是针对规定的产生程序而言的，它需要经过严格的审批和正式公布才算真正产生，因此较为规范 |
| 期限性 | 这是针对规定的效用而言的，规定的效用具有期限，只对文件成立后的有关人和事产生效用，并且前面的文件即行废止 |
| 约束性 | 这是从规定的作用来看的，它具有极强的约束力，且约束范围包括时间、空间、人员和机关等因素 |
| 准确性 | 这是针对规定的语言运用来说的，它要求语言准确，并体现出规约类公文的规范性，如庄重严谨的语言更具说服力 |

图 10-1　规定的主要特征

## 10.1.2　规定的格式、要点和技巧

规定的格式主要包括标题和正文两部分，但有时规定的标题下方有题注或发文字号，在文后有落款。下面对规定的格式、要点和技巧进行阐述。

**1. 标题**

规定的标题一般采用以下两种形式。

（1）发文机关+事由+文种，如《××学校关于教师外出兼职授课的规定》。

（2）事由+文种，如《事业单位公车管理规定》。

如果要拟写的规定不是最终确定的，而是"暂行"的，应该在标题中予以说明。

### 2. 正文

规定有章条式和条款式这两种写作方式，下面以章条式写作方式为例进行具体介绍。其正文包括总则、分则和附则3个组成部分，具体如图10-2所示。

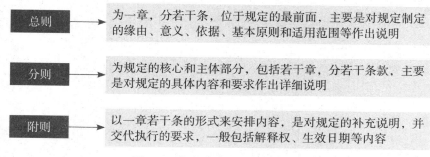

总则 → 为一章，分若干条，位于规定的最前面，主要是对规定制定的缘由、意义、依据、基本原则和适用范围等作出说明

分则 → 为规定的核心和主体部分，包括若干章，分若干条款，主要是对规定的具体内容和要求作出详细说明

附则 → 以一章若干条的形式来安排内容，是对规定的补充说明，并交代执行的要求，一般包括解释权、生效日期等内容

图 10-2　规定正文的章条式写作方式

### 3. 写作技巧

在写作规定的过程中，掌握一定的写作技巧和要领可以更熟练地拟写，具体内容如下。

（1）规定具有极强的约束力，主要是为了贯彻落实某一法律法规而制定的，因此规定的内容必须符合国家的法律法规，而不是与其相悖。

（2）规定在内容结构的安排上，应该注意把原则性内容放在前面，然后才是对具体内容的陈述，并且这些内容的呈现还应该按照一定的主次顺序来安排，最终使得规定的内容主次分明、点面结合。

（3）规定是为了促进某一法律法规的贯彻执行，因此规定的内容应该是具有针对性的、切实可行的措施和办法。

## 10.1.3　用AI写作规定

扫码看教学视频

在运用AI写作规定时，具体的规定内容可以由拟写者提供，也可以让AI自由发挥。下面介绍具体的操作方法。

RI 提问

为了控制公司成本、规范员工行为和减低电路事故发生的概率，你需要制定一份关于办公室用电管理的规定，标题为"办公室用电管理规定"，采用"第一条""第二条"这种条款式的写作方式，不超过10条。

### ChatGPT

**办公室用电管理规定**

**第一条：总则**

为确保办公区域用电安全，控制成本，规范员工用电行为，特制定本管理规定。

**第二条：用电设备管理**

所有办公室用电设备必须由专人负责管理，且需定期进行安全检查。未经批准，员工不得私自携带电器进入办公区域。

**第三条：节能要求**

员工应在离开办公桌时，关闭非必要的电器和照明设备，如电脑、打印机、空调等。

**第四条：电路插座使用**

禁止过量负载插座，不得随意拔插或更改任何电路设备。确保插座及延长线的合理使用，避免发生短路。

**第五条：电线和电缆管理**

所有电线和电缆应整齐规划，避免地面杂乱，减少跌倒的风险。禁止在地毯、家具下随意布线。

**第六条：特殊用电设备管理**

对于高功率或特殊用途的电器（如复印机、空调等），应单独设置电源线，并确保有足够的电流承载能力。

**第七条：用电安全教育**

定期对员工进行用电安全知识培训，增强自我保护意识，避免用电事故的发生。

**第八条：事故处理**

一旦发生用电安全事故，立即切断电源，并报告给负责人。相关部门应迅速响应，及时处理。

**第九条：违规处理**

对于违反本管理规定的员工，将根据违规情况给予相应的纪律处分，情节严重者可能面临被解聘。

**第十条：附则**

本规定自发布之日起执行，解释权归公司管理层所有。

# 10.2 规则

规则，也是规约性公文的一种，是国家机关、社会团体和企事业单位为维护公共秩序、公共利益，确保工作、生活等顺利进行而制定的行为准则。

## 10.2.1 规则的特征和作用

规则一般是由群众共同商议、公认或人大代表通过制定的规约，它具有3个特征，具体如图10-3所示。

扫码看教学视频

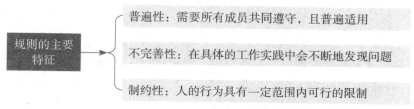

**图 10-3 规则的主要特征**

规则的制定是人类社会得以正常运行的要素之一，具体表现在以下几个方面。

（1）规则是对人们行为的规范，是一种他律的手段，其制定能够帮助人自律，形成他律与自律的统一，从而促进社会的发展。

（2）规则的制定有助于营造好的社会环境，包括组织或社团内部的工作环境和社会的整体环境。

（3）规则可视作目标的"催化剂"，其存在可调动人们行动的积极性，从而促进工作目标的实现。

## 10.2.2 规则的格式、要点和技巧

规则通常由标题、正文和签署3部分构成，在拟写过程中需要重点掌握。下面将具体介绍规则的格式、要点和技巧。

扫码看教学视频

### 1. 标题

规则的标题有两种形式，具体如下。

（1）发文机关+事由+文种：如《××市人民政府工作规则》。

（2）事由+文种：如《医疗器械分类规则》。

### 2. 正文

如同大部分规约类公文拟写格式一样，规则的正文也有以下两种写作方式。

（1）分条列项式：这种方式适用于规则内容较少时，拟写正文直接用序号依次分

条列出规则的条款，需要注明的事项如制定规则的缘由、目的和依据，在条款之前用一段文字说明即可。

（2）分章列条式：当规则内容复杂、层次较多时，正文内容和其他规约类公文的写作方法一样，分为总则、分则和附则这3部分。总则为规则制定的依据、目的等；分则为规则的各项要求、实行的措施等；附则为解释说明相关问题等。

### 3. 签署

签署包括发文机关和日期，可以在正文中用括号注明的形式，也可以标注在正文的右下方。

### 4. 写作技巧

在拟写规则时，需要把握以下写作技巧，以便使行文流畅。

（1）针对性强。

规则是对具体事项或具体活动的规范性要求，应具有明确的对象，如《仓库失火管理规则》，其针对的对象即负责仓库管理的工作人员，在规则中应明确注明，确保其知悉。

（2）真实客观。

规则的执行遵守需要所属群众共同参与，因而在拟写规则时应符合客观实际，满足所属范围内群众的需求和意见，且具有政策法规依据，只有做到真实有效才能切实可行、实践到位。

（3）逻辑清晰。

逻辑清晰指的是对规则的要求、条例方面的拟写，应当依次递进、层次清晰、条理清楚，如"先倡导，后禁止""先规范，后要求"等。

## 10.2.3 用AI写作规则

考场规则在生活中的应用是极为广泛的，例如交通考试、期末考试、职业考试等都有它们专属的考场规则。在运用AI写作考场规则时，拟写者可以只提供考试的类型，让AI综合大数据完成规则的编写。下面介绍具体的操作方法。

扫码看教学视频

🔴 RI 提问

  ××公司组织了一场消防安全知识考试，要求全体员工参与，请为这场考试拟写一份考场规则，要求：标题为"××公司消防安全知识考试考场规则"，直接用序号依次分条列出规则的条款，不超过8条，符合应用场景，实用性强。

ChatGPT

**××公司消防安全知识考试考场规则**

1. 考试时间为××月××日××时××分，所有考生需在考试开始前15分钟到达并签到，迟到10分钟以上的考生将不允许进入考场。

2. 进入考场必须出示员工证件以供核验身份，未能提供有效证件的考生将不允许参加考试。

3. 考试期间严禁携带和使用任何形式的电子通信设备（如手机、智能手表等）及计算器。

4. 本次考试为闭卷考试，考生不得携带参考书籍、笔记或任何其他资料进入考场。

5. 考生应根据监考人员的指示，在指定的座位就座，考试期间未经允许不得随意离座。

6. 严禁任何形式的作弊行为，包括但不限于抄袭、互相交换答案或使用禁止的资料。一经发现，将立即取消考试资格，并根据公司规定进行处罚。

7. 考试结束信号响起时，所有考生应立即停止答题，保持座位直到试卷被收集完毕并得到离开考场的指示。

8. 考试结束后，请考生有序离场，不得在考场或考场周边讨论试题内容，以免影响其他考生的考试表现。

# 10.3　守则

守则是国家机关、社会团体和企事业单位制定的要求所属人员自觉遵守的行为准则和道德规范。制定守则的目的主要是维护公共利益和公共秩序，或者为了实现某一目标、完成某一任务。本节将具体介绍守则的写作方法。

## 10.3.1　守则的特点和分类

守则是根据国家政策方针指示并结合实际工作需要而制定的道德准则，它具有以下特点，具体如图10-4所示。

扫码看教学视频

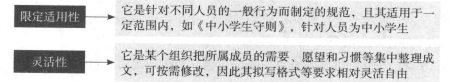

| 限定适用性 | 它是针对不同人员的一般行为而制定的规范，且其适用于一定范围内，如《中小学生守则》，针对人员为中小学生 |
| 灵活性 | 它是某个组织把所属成员的需要、愿望和习惯等集中整理成文，可按需修改，因此其拟写格式等要求相对灵活自由 |

图 10-4　守则的主要特点

按照不同的单位或制定人划分，可将守则分为4种类型，具体为用于行政部门的、用于教育部门的、用于工矿企业的和用于某种生产工艺操作的。

## 10.3.2　守则的格式、要点和技巧

守则包括标题、正文和落款3部分。写作守则需把握它的格式、要点和技巧，下面将具体介绍。

### 1. 标题

守则的标题有两种写作形式：一是由"发文机关+约束范围+文种"构成，如《××公司员工工作守则》；二是由"约束对象+文种"构成，如《中小学生在校行为守则》。

由于守则的灵活性极强，可按需修改，有些守则在拟定时是不完善的，其规定可能需要具体实验考证之后才能得出效果，因此这类守则往往会在标题之后加入"试行"的字样。

### 2. 正文

正文是守则的核心部分，一般在标题之后另起行分条拟写。有些守则内容较为详细、规范，会在开头部分总括说明守则制定的依据、目的或作用等，再另起一行分条拟写具体规定。

### 3. 落款

落款有两种形式：一种是在标题之下用圆括号括入发文机关及守则发布日期；另一种是在正文结束之后的右下方标注发文机关与日期。

### 4. 写作技巧

守则的拟写可以从以下两个方面进行把握，以便有针对性地、快速地行文。

（1）内容上指向明确。

守则的内容一般为针对某一具体的规范对象而制定的相关规定，以总的国家法律或法规为依据，且具有一定的地方特色，因此在内容上应该明确守则主要针对的对象，以便守则更好地落实到位。例如，针对某车间工作员工的守则，即内容应该以本单位车间员工的行为规范为指向来拟写。

（2）语言上凝练易懂。

由于守则的行文相对灵活自由，其语言也应当保持通俗直白，以方便约束对象更好地按照守则规范自己的行为。而且，就守则的适用范围或规范对象而言，凝练易懂

的语言更具有实用性。

## 10.3.3　用AI写作守则

扫码看教学视频

守则虽然分为4种类型，但在生活中常见于教育领域或生产领域，如《中小学生行为规范守则》《××车间工作规范守则》等。下面介绍具体的操作方法。

 提问

××奶茶店为了更好地规范员工的行为，需要制定一份员工守则，要求：介绍守则制定的依据与意义，以及员工需要遵守的详细原则，该守则的解释权归奶茶店所有，落款为××奶茶店，时间为×××年××月××日，要点齐全，重点突出。

ChatGPT

**××奶茶店员工守则**

**制定守则的依据与意义**

本守则基于××奶茶店的运营理念、顾客服务目标及内部管理需要而制定。其目的在于明确员工的行为标准，确保为顾客提供一致优质的服务体验，同时为员工创造一个公平、健康和有序的工作环境。遵循这些原则，能够促进店铺的稳定发展，维护和提升品牌形象，加强团队协作，保障顾客和员工的共同利益。

**员工需遵守的详细原则**

1. 职业道德：保持诚实守信的态度，对顾客和同事展现出最高的诚意与尊重。

2. 服务意识：始终把顾客的满意度作为工作的首要目标，提供热情、专业的服务。

3. 团队协作：积极参与团队合作，尊重每一位同事，共同为实现店铺目标而努力。

4. 遵守规章：严格遵循店铺的各项规章制度，按时上下班，服从管理层的安排和调度。

5. 保持清洁：确保个人与工作环境的清洁卫生，遵守食品安全规范，保证食品质量安全。

6. 资产保护：爱护店铺财产，合理使用设备和物资，防止浪费。

7. 保密责任：对店铺的商业信息和顾客数据负有保密责任，未经授权不得对外泄露。

8. 持续学习：不断学习提升个人能力和专业知识，以适应店铺发展和服务升级的需要。

> **解释权**
>
> 本守则的解释权归××奶茶店所有。根据实际运营和管理需要，店铺有权对守则内容进行调整和补充，并保留最终解释权。
>
> 落款：××奶茶店
>
> 日期：××××年××月××日

# 10.4　公约

公约是党政机关、企事业单位、社会团体或社区群众在自愿自觉的基础之上讨论、协商得出的公共约定。制定公约是为了保证学习、工作等的顺利进行，或者更好地贯彻相关的法律法规。本节将具体介绍公约的写作方法。

## 10.4.1　公约的特征和分类

扫码看教学视频

公约是群众共同协商拟定形成的规约，也需要遵循自觉遵守的原则，因此主要呈现出3个不同的特征，具体如图10-5所示。

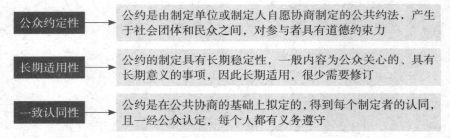

| 公众约定性 | 公约是由制定单位或制定人自愿协商制定的公共约法，产生于社会团体和民众之间，对参与者具有道德约束力 |
| 长期适用性 | 公约的制定具有长期稳定性，一般内容为公众关心的、具有长期意义的事项，因此长期适用，很少需要修订 |
| 一致认同性 | 公约是在公共协商的基础上拟定的，得到每个制定者的认同，且一经公众认定，每个人都有义务遵守 |

图 10-5　公约的 3 个特征

按照公约内容性质划分，可将公约分为行业公约、部门公约和民间公约3类。制定公约对维护社会秩序、构建社会精神文明建设等具有助力作用。

## 10.4.2　公约的格式、要点和技巧

扫码看教学视频

公约通常包括标题、正文和落款3部分。下面将具体介绍公约的格式、要点和技巧。

### 1. 标题

公约的标题有3种写作形式，具体如下。

（1）适用范围+文种：如《证券投资基金行业公约》。

（2）适用对象+文种：如《××小区业主公约》。

（3）公约内容+文种：如《养宠物公约》。

### 2. 正文

公约的正文一般包括3个部分，即引言、主体和结尾，具体内容如下。

（1）引言：引言相当于新闻中的导语，起到总领全文的作用，一般在引言部分主要说明公约制定的目的和意义。

（2）主体：这一部分是公约的核心内容，主要说明制定公约的各个制定者应当遵守的规范，以分条列项的形式有条理地列出，具体到应当做什么、不应当做什么，条理清晰、内容明确。

（3）结尾：若有公约相关的执行要求或公约的生效日期需要说明，可在正文的结尾处直接说明。

### 3. 落款

落款即署名，一般在正文结束后的右下方标注制定公约的主体及时间，有时也可在标题之下用括号进行标注。

### 4. 写作技巧

公约的拟写应注意内容上和语言上的规范，以便公约制定者更好地遵守，具体内容如下。

（1）内容上：公约是由制定者协商制定的自愿遵守的自我规范，其在内容上应全面、具体，以便公约制定者更好地按照约定履行某些事项。而且，公约具有长期适用性，这就要求内容全面且确定，以便公约更好地发挥其效用。

（2）语言上：公约与其他规约类公文的不同之处在于由协商制定而成，具有民众意愿，因而在语言表达上可灵活、简便，并在语气上可以和蔼、温和，以起到鼓励公约制定者遵守的作用。

## 10.4.3 用AI写作公约

公约多用于公共事业方面的道德和行为规范，例如在管理班级时，老师可以引导同学们制定班级公约。下面介绍具体的操作方法。

扫码看教学视频

**RI** 提问

H班的同学们决定一起商议拟定一个班级公约，主要包括思想品德、仪容仪表、出勤、纪律和学习这5个方面，署名为H班全体成员，日期为××××年××月××日，不超过400字。

ChatGPT

**H班班级公约**

为共同营造一个和谐、积极向上的学习氛围，提升班级整体形象与品质，经H班全体成员商议，特制定以下班级公约。

1. **思想品德**：秉持诚实守信的原则，尊敬师长，团结同学，积极参与班级及学校的各项活动，展现良好的班风和校风。

2. **仪容仪表**：自觉遵守学校的着装规定，保持个人及教室的整洁，彰显班级的良好形象。

3. **出勤**：除病假或特殊情况外，应全勤，不迟到、不早退、不无故缺席，确保参与班级所有的教学和活动。

4. **纪律**：课堂上遵守课堂纪律，认真听讲，积极参与讨论，不随意使用手机或其他电子产品，保证良好的学习秩序。

5. **学习**：树立积极向上的学习态度，勤奋学习，互帮互助，共同提高，追求卓越。

我们承诺共同遵守此公约，不断提升自我，为构建更加美好的H班贡献力量。

H班全体成员

××××年××月××日

# 本章小结

本章主要向读者介绍了规约类公文的写作知识，具体内容包括规定、规则、守则和公约的基本知识、格式、要点与技巧，并分别安排了4个AI写作案例，介绍对应公文的写作方法。

通过对本章的学习，读者能够更好地了解规约类公文在日常生活和工作中的运用，并掌握规约类公文的写作方法。

# 课后习题

鉴于本章知识的重要性，为了帮助读者更好地掌握所学知识，本节将通过课后习题，帮助读者进行简单的知识回顾和补充。

1. 为了避免学生在实验过程中出现意外，A中学需要制定一份张贴在化学实验室的学生实验守则，要求：标题为"学生实验守则"，强调在实验室需要注意的重要事项，不超过10条，回复内容如下。

扫码看教学视频

ChatGPT

**学生实验守则**

为确保每位学生在化学实验室的安全与健康，请严格遵守以下实验守则：

1. **个人防护**：始终佩戴必要的个人防护装备，包括实验服、护目镜和手套。

2. **禁止携带食物和饮料**：实验室内严禁食用或储存食物和饮料，以防被化学物质污染。

3. **穿着要求**：实验期间应穿着闭合鞋和适当的实验服，长发需束在头顶，避免使用任何挂饰或宽松衣物。

4. **遵守操作规程**：严格按照实验指导书操作，未经许可不得自行修改实验步骤或使用未指定的化学品。

5. **正确使用设备**：在使用任何实验室设备前，确保已了解其正确的操作方法。对于不熟悉的设备，应在教师指导下使用。

6. **化学品管理**：使用化学品前务必阅读其标签和安全数据表，严格按照说明操作，并正确存放化学品。

7. **禁止玩闹**：保持实验室的严肃和安静，禁止在实验室内追逐、打闹或进行任何可能干扰他人或危害安全的活动。

8. **处理紧急情况**：熟悉实验室内安全设备的位置和使用方法，如紧急淋浴、眼冲洗站和灭火器。遇到紧急情况，立即通知教师。

9. **废弃物处理**：按照指定的方法在规定的地点丢弃所有化学废物，不得随意倾倒。

10. **实验后清理**：完成实验后，彻底清理工作台和使用过的器材，确保实验室的整洁和下一次使用的安全。

请记住，安全始终是第一位的。遵守这些守则，不仅能保护自己，也能保护周围的人。

2. 六年级D班的同学们一起建立了一个班级图书角，为了延长图书的使用寿命和规范管理图书角，同学们决定制定一个公约，标题为"六年级D班图书借阅公约"，内容包括每人每次只能借一本书、借书和还书都要做好登记、借阅的书籍不能带回家、先还书再借书、爱惜书籍等，署名为六年级D班全体成员，时间为×××年××月××日，不超过300字，回复内容如下。

扫码看教学视频

ChatGPT

**六年级D班图书借阅公约**

为了让我们的班级图书角充满生机，让每一本书都能传递知识与乐趣，我们六年级D班的同学共同制定了以下借阅公约：

1. 每人每次仅可借阅一本书，确保每位同学都有机会借到书。

2. 借书和还书必须登记，写明借阅者的名字、书名和日期，让书的流动有迹可循。

3. 借阅的书不得带回家，让图书在班级内流转，方便每个人阅读。

4. 必须先还书才能借新书，保持书籍流通顺畅。

5. 爱惜每一本书，如同对待自己的宝贝，不涂鸦、不撕页。

让我们一起遵守这份公约，让我们的图书角成为知识的宝库、友谊的港湾。

六年级D班全体成员

××××年××月××日

# 第11章

## 凭证类公文的写作

凭证类公文在日常生活和工作中应用得比较广泛，特别是在经济领域和人们的日常往来中，如意向书、合同、协议书、收条等。本章主要介绍4种凭证类公文的写作方法。

## 11.1 意向书

在正式形成合同或协议之前，当事人双方或多方会针对其初步设想达成一致意向，在这样的情况下确立的文件就称为意向书。本节将介绍有关意向书的具体内容。

### 11.1.1 意向书的特点

扫码看教学视频

与合同和协议相比，意向书只是一种应用类公文，并不具备法律效力，但其又是协议或合同的先导和依据。这样一种有着特殊性质的公文，到底有着怎样的特点呢？具体来说，其特点主要表现在4个方面，如图11-1所示。

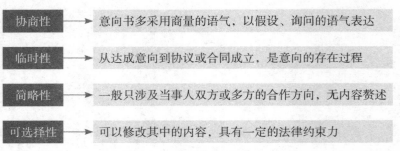

图 11-1 意向书的主要特点

从图11-1可知，意向书具有多方面的特点。其实，这样的意向书是一种正式签订合同、协议之前的公文，一般用在经济或技术的合作领域，主要为接下来双方或多方之间的实质性谈判提供依据。

### 11.1.2 意向书的格式、要点和技巧

扫码看教学视频

在结构上，意向书一般由标题、正文和落款3部分组成。下面将针对意向书的格式、要点和技巧进行介绍。

#### 1. 标题

意向书的标题形式具有多样性特点，具体内容如下。

（1）当事人单位名称+事由+文种：如《××（单位）与××（单位）关于（单位）合作的意向书》。

（2）当事人单位名称+文种：如《××（单位）与××（单位）意向书》。

（3）事由+文种：如《××原料合资生产意向书》。

（4）文种：即以"意向书"命名的文件。

## 2. 正文

在意向书正文部分，一般可以分为开头、主体和结尾3个部分来拟写，具体如图11-2所示。

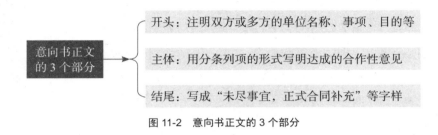

图 11-2　意向书正文的 3 个部分

## 3. 落款

注明当事人双方或多方的单位名称、代表人姓名及联系方式，并加盖印章和注明日期，从而结束意向书的拟定。

## 4. 写作技巧

意向书的写作关乎当事人双方或多方接下来的谈判和合作，因此在写作时要特别注意，以免影响后续事宜的发展。具体来说，要想写好意向书，应该注意以下几方面的问题。

（1）内容方面。

意向书的内容是其基础，因此首先应该确保意向书的各个事项是真实且合理合法的，并在表达时不能太绝对化，要注意留有回旋的余地。

（2）结构方面。

在内容确立的情况下，还应该注意在结构上予以完善，即意向书的标题、正文和落款3个部分，缺一不可。

（3）语言方面。

拟写意向书与其他公文不同的是，它不要求语言表达具体，而是用比较笼统的语言来陈述，以保证其表达的弹性。

（4）态度方面。

拟写者在具体写作时，还应该注意自身的态度，即不能因为意向书的法律效力相对弱而随意拟写，或者对一些关键问题贸然作出承诺，这些都是损害自身形象或利益的行为，同时也是拟写者态度不端正的表现。

（5）原则方面。

在拟写意向书时，还应该坚持两个原则：一是平等互利的原则，以保证双方或多方的权利；二是合乎规定的原则，这主要是指意向书是符合法律法规的，也是在自身职权部门能解决的范围之内的。

## 11.1.3　用AI写作意向书

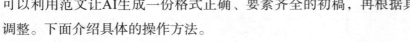

合作意向书是当事人双方或多方就某一事项达成共识而签订的，由于双方或多方可能会提出不同的意见和要求，并且出于信息保密的需要，拟写者可以利用范文让AI生成一份格式正确、要素齐全的初稿，再根据具体的合作要求进行调整。下面介绍具体的操作方法。

扫码看教学视频

**RI　提问**

> 下面是一份合作意向书的范文，请你根据范文的格式和要素，写一份主题为海洋生态保护公益项目的合作意向书，甲方为A市海洋生态保护协会，乙方为美味海产品公司。
>
> ××项目合作意向书
>
> 甲方：＿＿＿＿＿＿＿＿＿＿＿＿＿＿＿＿
>
> 乙方：＿＿＿＿＿＿＿＿＿＿＿＿＿＿＿＿
>
> 甲乙双方本着平等互利、优势互补的原则，经友好磋商，达成以下合作意向：
>
> 一、项目合作宗旨
>
> 为××××（目的），乙方于××××年×月联合甲方及社会各界发起××项目。
>
> ××项目的核心理念及宗旨是××××
>
> 二、合作模式
>
> 甲乙双方……
>
> 三、双方约定（略）
>
> 1. 乙方……
>
> 2. 双方……
>
> 3. 甲方……
>
> 四、本意向书是双方合作的基础。甲乙双方的具体合作内容以双方的正式合同为准。
>
> 甲方（盖章）：　　　　　　　乙方（盖章）：
>
> 代表签名：　　　　　　　　　代表签名：
>
> 日期：　　　　　　　　　　　日期：

**ChatGPT**

海洋生态保护公益项目合作意向书

甲方：A 市海洋生态保护协会

乙方：美味海产品公司

甲乙双方本着平等互利、优势互补的原则，经友好磋商，达成以下合作意向。

一、项目合作宗旨

为了提高全民的海洋生态保护意识，担负起环境保护的责任，乙方于××××年×月联合甲方及社会各界发起"海洋守护者"公益项目。该项目旨在通过系列活动，宣传海洋生态保护的重要性，动员社会各界参与到海洋环境的保护和治理中，共同为建设一个可持续发展的海洋环境贡献力量。

二、合作模式

甲乙双方将基于以下合作模式展开活动。

1. 公益活动组织与执行：甲方负责策划和组织海洋生态保护主题的公益活动，乙方提供必要的资金支持及资源协助。

2. 环境教育与宣传：双方共同开发针对学校和社区的海洋保护教育项目，提高公众对海洋生态保护的认识。

3. 海洋环境监测项目：乙方资助甲方开展海洋环境的监测工作，收集数据支持海洋环境保护的研究和政策制定。

三、双方约定

1. 乙方承诺为"海洋守护者"项目提供总计××××万元的资金支持。

2. 甲方负责项目的具体执行，包括活动策划、执行和评估，确保项目高效、有序地进行。

3. 双方将定期举行会议，共同讨论项目进展，解决项目执行过程中的问题。

四、本意向书是双方合作的基础。甲乙双方的具体合作内容以双方后续签订的正式合同为准。

甲方（盖章）：　　　　　　　　乙方（盖章）：

代表签名：　　　　　　　　　　代表签名：

日期：　　　　　　　　　　　　日期：

请注意，这份意向书是基于您提供的信息虚构的示例，根据实际情况，细节和条款可能需要进一步调整和完善。

## 11.2　合同

合同在日常生活中比较常见，并且这一公文文种的概念已经有相关法律对其进行界定，如《民法典》第四百六十四条规定，合同的概念为"合同是民事主体之间设立、变更终止民事法律关系的协议"。

### 11.2.1　合同的特点和分类

合同作为一种民事法律行为，是两个及两个以上的论述表示一致的协议，具有一般法律行为的共同特点，具体如图11-3所示。

扫码看教学视频

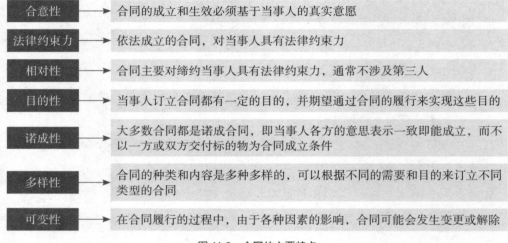

| 合意性 | → | 合同的成立和生效必须基于当事人的真实意愿 |
| 法律约束力 | → | 依法成立的合同，对当事人具有法律约束力 |
| 相对性 | → | 合同主要对缔约当事人具有法律约束力，通常不涉及第三人 |
| 目的性 | → | 当事人订立合同都有一定的目的，并期望通过合同的履行来实现这些目的 |
| 诺成性 | → | 大多数合同都是诺成合同，即当事人各方的意思表示一致即能成立，而不以一方或双方交付标的物为合同成立条件 |
| 多样性 | → | 合同的种类和内容是多种多样的，可以根据不同的需要和目的来订立不同类型的合同 |
| 可变性 | → | 在合同履行的过程中，由于各种因素的影响，合同可能会发生变更或解除 |

图 11-3　合同的主要特点

合同根据支付与否、订立形式、订立要求、合同地位、名称和规则的有无等划分标准，可分为不同类别，具体内容如下。

- 根据是否支付报酬，合同可分为有偿合同和无偿合同。
- 根据订立形式的不同，合同可分为要式合同和不要式合同。
- 根据订立要求的不同，合同可分为实践合同和诺成合同。
- 根据合同地位的不同，合同可分为主合同和从合同。
- 根据名称和规则的有无，合同可分为有名合同和无名合同。

### 11.2.2　合同的格式、要点和技巧

合同作为一种凭证类公文，一般由标题、订立单位、正文和落款4部分组成。拟写合同时，不仅需要掌握合同的格式和要点，还需要掌握一定的写作技巧。

扫码看教学视频

**1. 标题**

由于合同是当事人双方或多方订立的，因此其标题与其他公文的标题不同，一般是不会注明制发机关的。

合同的标题一般用"事由+文种"的形式表明合同性质，如《采购合同》。当然，有时也会写当事人自己的单位，如购销合同，对购货方来说，写成《××（单位）采购合同》；对供货方来说，写成《××公司销售合同》。

**2. 订立单位**

订立单位位于标题下、正文之前。在注明订立单位时，应该注意以下两点。

· 另起一行并排书写当事人双方或多方的基本信息。

· 单位名称要写全称，并用括号注明"甲方、乙方""买方、卖方"等。

**3. 正文**

合同正文由3部分组成，包括开头（引语）、主体和结尾，具体内容如下。

（1）开头。这是合同的引语部分，一般写明订立合同的依据和目的，如"为了……或根据……，甲乙双方签订本合同"等。

（2）主体。这是合同的核心部分，一般包括5个方面的主要条款，如合同标的、质量或数量方面的保证、价款或酬金、履行合同的期限/地点/方式、违约责任，它们是合同的基本内容。当然，根据订立的需要，还可增加其他必要的条款。

（3）结尾。合同的结尾一般包括4个方面的内容，具体如图11-4所示。

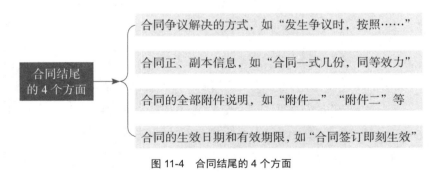

图 11-4　合同结尾的 4 个方面

**4. 落款**

相较于其他公文，合同的落款内容更详细。它一般包括以下3项具体内容。

（1）合同当事人的签字、盖章。

（2）合同订立双方或多方的联系方式、开户银行及账号。

（3）合同订立的日期。

### 5. 写作技巧

合同的拟定和订立是一个需要当事人特别慎重的过程，因此在拟定合同时，需要特别注意以下几个方面。

（1）内容的合法与完备。

合同是建立在一定的法律、规定基础之上的，只有内容与法律相符、与国家政策和规定相符的合同才是有效的。而且，合同的内容不仅要合法，还应该是完备的，即合同是没有任何疏漏的。

（2）语言的清楚与准确。

合同的语言务必写得清楚明白，不能含糊不清，务必写得准确，不能出现歧义，这是确保合同避免发生争议的基本保证。

（3）订立的稳定和一致。

合同的订立是建立在双方意见表达一致的基础之上的，因此一经签订，就不可随意改动。如果需要对合同作出修改，应该在双方或多方协商一致的情况下，把修改意见以附件的形式附于合同后，并完成双方或多方的签署程序才能生效。

## 11.2.3　用AI写作合同

在日常生活中，租房合同是一种非常常见且实用性强的合同文书。由于数据和理解能力的限制，AI直接生成的租房合同可能会存在一些问题，拟写者可以让其生成合同的模板，在使用时再根据情况进行修改。下面介绍具体的操作方法。

扫码看教学视频

RI **提问**

> 小刘有一套三室两厅的房子，位置是D市T区××街道××小区14栋2005，租金是2000元一个月，付款方式为押一付一，租客不需要付物业费和宽带费，水、电、燃气费在入住时结算，家电设施在入住时双方共同确认并登记好。
>
> 请你为小刘写一份租房合同的模板，以便他出租时使用。

ChatGPT

**租房合同**

甲方（出租方）：刘先生

乙方（承租方）：_____

根据《中华人民共和国民法典》等相关法律法规的规定，甲乙双方在平等、自愿的基础上，就乙方租赁甲方位于D市T区××街道××小区14栋2005号的房屋事宜，经友好协商，达成如下合同条款。

一、房屋概述

租赁房屋位于D市T区××街道××小区14栋2005号，房屋类型为三室两厅，具体家电设施和家具状况由甲乙双方在入住时共同确认并登记。

二、租赁期限

租赁期限自＿＿＿年＿＿＿月＿＿＿日起至＿＿＿年＿＿＿月＿＿＿日止。

三、租金及支付方式

1. 租金为人民币2000元/月。

2. 付款方式为押一付一，即押金为一个月租金（人民币2000元），每月支付一个月租金。

3. 租金在每月的第一天支付给甲方。

四、费用承担

1. 物业费和宽带费由甲方承担。

2. 水电燃气费由乙方按实际使用情况结算，入住时与甲方一起确认表底。

五、房屋使用

1. 乙方须合理使用房屋及其中的设施，保持房屋干净整洁。

2. 未经甲方同意，乙方不得擅自转租、转让或改变房屋使用性质。

3. 房屋及设施如有损坏，除正常磨损外，乙方应负责修复或赔偿。

六、退租和续租

1. 乙方需提前一个月通知甲方，方可退租。

2. 续租情况需双方协商确定，续租合同另行签订。

七、违约责任

甲乙任一方违反合同约定，都应承担违约责任，并赔偿对方因此造成的损失。

八、其他

1. 本合同一式两份，甲乙双方各执一份，具有同等法律效力。

2. 本合同自双方签字盖章之日起生效。

3. 本合同未尽事宜，甲乙双方可另行协商解决。

甲方（签字）：＿＿＿＿＿＿＿

乙方（签字）：＿＿＿＿＿＿＿

日期：＿＿＿年＿＿＿月＿＿＿日

请注意，这份租房合同模板提供了基本的租赁协议内容，具体条款可能需要根据实际情况调整，并建议在签订正式合同前咨询专业的法律人士。

# 11.3 协议书

协议书是凭证类公文的一种，从本质上来说，它是一种契约性文书，有广义和狭义之分。从广义的角度来看，协议书是指日常生活中所有的处理各种社会关系、事务达成一定协议时而写就的文书，是各种契约类文书的统称。

从狭义的角度来看，协议书是指党政机关、社会团体、企事业单位和个人为了解决某一问题或确定某种法律关系，经过谈判或协商而取得一致意见后签署的具有法律效力的契约类文书，它也是一种凭证类公文。

## 11.3.1 协议书的基本概述

从实质上来看，协议书就是一种具有法律效力的公文，具体如图11-5所示。

扫码看教学视频

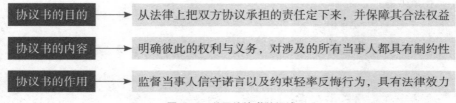

**图 11-5 关于协议书的概述**

从图11-5可知，协议书具有极强的法律效力，起着保障双方的合法权益与监督不良行为的重要作用，具有规范性与约束力。

## 11.3.2 协议书的格式、要点和技巧

从格式上来看，协议书主要由标题、正文和落款3部分组成。下面重点介绍协议书的格式、要点和技巧。

扫码看教学视频

### 1. 标题

协议书的标题，一般有两种写作形式，具体如下。

（1）双方单位名称＋事由＋文种：如《××（单位）与××（单位）关于××协议书》。

（2）事由＋文种：如《教育××网站使用协议书》。

协议书的标题一般会写明合作的事由，不能单独以"协议书"为标题。

### 2. 正文

协议书正文部分的条款比较多，首先在开头写明签署协议书的背景、目的和依据

等内容。然后在正文主体部分写明协议的具体事项，主要包括当事人双方或多方的标的、协议的时间和期限、协议的条款和酬金、协议条款履行的期限及违约责任。正文结尾部分一般是补充说明，如"协议未涉及的××另行协商解决"。

### 3. 落款

协议书的落款与意向书相似，应注明当事人双方或多方的单位名称、代表人姓名和日期，并加盖印章。有时还会写明当事人的联系方式、开户银行及账号。

### 4. 写作技巧

协议书是一种具有法律效力的公文，因此在写作时需要遵循一定的原则并注意几方面的事项，具体内容如下。

（1）注意内容的合法性。

协议的内容首先应该是符合国家法律、法规和政策要求的，不能在其中出现与其相悖的内容。

（2）遵守订立的原则性。

协议的签署应该遵守协商一致、平等互利和等价有偿的原则，具体内容如图11-6所示。

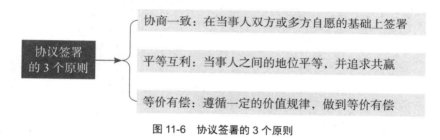

图 11-6　协议签署的 3 个原则

（3）把握语言的准确性。

把握语言的准确性，是公文语言的基本要求，因此协议书的语言应写得准确具体，把签订协议的当事人双方或多方协议的具体事项写得清楚明白，确保协议起到约束作用，促进合作的正常进行。

## 11.3.3　用AI写作协议书

协议书是一种与合同相似的凭证类公文，无论是在格式还是在内容方面都存在相通之处。拟写者可以先让AI阅读和理解范文，再生成需要的协议书，下面介绍具体的操作方法。

扫码看教学视频

RI 提问

请你阅读并理解下面这篇协议书的范文，根据范文的格式和要素，生成一份D市人民政府和F大学就民俗文化的继承与推广的合作协议书。

×× 与 ×× 合作协议书

甲方：××

乙方：××

（前言，可以介绍合作背景、合作的必要性）

为此，××（甲方）决定××××（目标）。

为了实现以上目标，××××达成如下协议：

一、甲方为了××××，诚恳邀请乙方×××。

二、乙方×××，给予甲方以力所能及的支持。

三、乙方对甲方的支持，主要包括×××

四、甲方为乙方提供×××。

五、具体合作项目以附件的形式附后，附件由双方职能部门商定，另择时间签订。

六、本协议未涉及的项目及未尽操作性的事宜另行协商解决。

| 甲方：××（盖章） | 乙方：××（盖章） |
| 代表签名：××× | 代表签名：××× |
| 日期：××××年×月×日 | 日期：××××年×月×日 |

附件一：（略）

附件二：（略）

ChatGPT

**D市人民政府与F大学民俗文化继承与推广合作协议书**

甲方：D市人民政府

乙方：F大学

鉴于民俗文化在传承历史、文化、促进社会和谐，以及增强民族认同感方面的重要作用，以及当前民俗文化面临的挑战，D市人民政府与F大学认识到合作在民俗文化的保护、研究和推广方面的必要性和紧迫性。

为此，D市人民政府决定与F大学合作，共同致力于民俗文化的继承与推广，以确保这一宝贵的文化遗产得到有效保护并传承给未来代。

为了实现以上目标，双方经协商一致，达成如下协议。

一、合作目标

甲方为了加强民俗文化的保护与推广，诚恳邀请乙方利用其学术研究和资源优势，共同进行民俗文化的挖掘、研究和传播活动。

二、乙方支持

乙方基于对民俗文化传承的重视，同意给予甲方以力所能及的支持，主要包括提供研究资源、专家指导、学术交流平台等。

三、合作内容

乙方对甲方的支持，主要包括但不限于：

1. 协助甲方进行民俗文化的调研和资料收集。

2. 提供专家团队参与民俗文化项目的研究和策划。

3. 在 F 大学内举办民俗文化相关的讲座、展览和交流活动。

四、资源共享

甲方为乙方提供必要的资金支持和政策便利，确保合作项目的顺利进行，同时协助乙方获取民俗文化研究所需的实地考察机会和资料。

五、合作项目具体细节

具体合作项目和实施细则将以附件的形式附后，该附件由双方职能部门在后续具体商定，并在适当的时机签订。

六、其他事宜

本协议未涉及的项目及未尽操作性的事宜，双方应通过友好协商解决。

甲方：D 市人民政府（盖章）　　　　乙方：F 大学（盖章）

代表签名：＿＿＿＿＿＿＿＿　　　　　代表签名：＿＿＿＿＿＿＿＿

日期：＿＿＿＿＿＿＿＿　　　　　　　日期：＿＿＿＿＿＿＿＿

附件一：合作项目详细计划

附件二：合作项目预算及资金分配计划

# 11.4　收条

收条是日常生活中比较常见的凭证类公文，它的内容普遍比较简单，主要涉及的是钱财或货物方面的收领情况。

### 11.4.1　收条的应用场合和分类

扫码看教学视频

收条是一张收领人写给送交者的作为收到钱或物的凭证的公文，所有能体现这一收领与送交关系的场合都能用到这一文体样式。收条一般有3种应用场合，具体如图11-7所示。

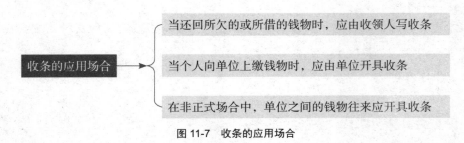

图 11-7　收条的应用场合

在上述场合中，根据收条应用对象的不同，可将其分为4种类型，具体如下。

（1）个人与个人之间开具的收条：这是基于个人钱物往来的收条。

（2）个人写给单位的收条：它是以个人的名义开具，把收条交给单位某一经手人的收条。

（3）单位写给个人的收条：它以单位的名义开具，由某一经手人交给个人。

（4）单位与单位之间开具的收条：它以单位的名义开具，由此单位经手人交给对方单位的经手人。

### 11.4.2　收条的格式、要点和技巧

扫码看教学视频

作为一种凭证类公文，收条在格式上有着严格的要求。下面重点介绍收条的格式、要点和技巧。

**1. 标题**

收条的标题应居中书写在正文上方，一般有以下几种样式。

（1）以"收条"或"收据"为标题。

（2）以"今已收到""现已收到""收到""代收到"为标题，把正文中的前两个字或前三个字作为标题。

**2. 正文**

若是收条直接以"收条"或"收据"为标题，正文书写格式为在第二行行首空两格；若标题中含有"收到""已收到"等字样，正文格式为顶格书写。正文内容一般为收领人收到的钱物数量、品种、规格等，也就是说，应用简洁的语言把钱物写清楚。

### 3. 落款

落款包括3个方面的内容：收领人姓名或收领单位的名称、收领的具体时间、加盖公章。

如果是以单位名义开具的，应当写明单位名称，加盖公章，并在收领人姓名前加上"经手人："字样。如果是由代收人开具的，应当在收领人姓名前加"代收人："字样。

### 4. 写作技巧

收条是收领钱物的凭证，因此在拟写时要特别慎重，不能出现差错。关于收条的写作，具体应注意以下几个方面。

（1）在拟写前收条，首先应该了解所收到钱物的具体信息，如应该对钱物的数额或数量进行清点，把握其品质和规格，确保准确无误。

（2）在语言方面，收条应对没有必要写的内容进行删除，做到"务去陈言赘语"，突出中心要点。

（3）在内容上，不能进行涂改，以免造成不良后果。特别需要注意的是，假如出现钱款数目，应该用大写，如"壹、贰"等。

（4）作为代收人开具收条更要特别注意，这类收条应该以"代收到"为标题，并在落款的署名处加"代收人："字样。

## 11.4.3　用AI写作收条

收条的写作比较简单，在运用AI进行写作时，拟写者只需提供必要的信息，AI就可以根据信息快速生成收条。下面介绍具体的操作方法。

扫码看教学视频

RI 提问

> W县欣欣小学在××××年××月××日收到了爱心人士C小姐捐赠的柒拾万元办学经费，经手人为小柳，现在需要写一份收条，标题为"收条"，内容为"今收到爱心人士C小姐捐赠的柒拾万元办学经费。"落款包括单位名称、经手人和日期。

ChatGPT

> **收条**
>
> 今收到爱心人士C小姐捐赠的柒拾万元办学经费。
>
> 单位名称：W县欣欣小学

经手人：小柳

日期：××××年××月××日

# 本章小结

本章主要向读者介绍了凭证类公文的写作知识，具体内容包括意向书、合同、协议书和收条的基本知识、格式、要点与技巧，并分别安排了4个AI写作案例，介绍对应公文的写作方法。

通过对本章的学习，读者能够更好地了解凭证类公文在日常生活和工作中的运用，并掌握凭证类公文的写作方法。

# 课后习题

鉴于本章知识的重要性，为了帮助读者更好地掌握所学知识，本节将通过课后习题，帮助读者进行简单的知识回顾和补充。

1. 请你根据范文的格式和要素，写一份主题为龙虾供货的合作意向书，甲方为甜甜大排档，乙方为天天龙虾养殖场，回复内容如下。

扫码看教学视频

### ⑤ ChatGPT

龙虾供货项目合作意向书

甲方：甜甜大排档

乙方：天天龙虾养殖场

甲乙双方本着平等互利、优势互补的原则，经友好磋商，达成以下合作意向。

一、项目合作宗旨

为了满足市场对高质量龙虾不断增长的需求，乙方自本年度起联合甲方发起龙虾供货项目。该项目的核心理念及宗旨是通过甲方的餐饮渠道与乙方的养殖优势，共同提升龙虾产品的市场竞争力，为消费者提供更加优质、健康的龙虾美食。

二、合作模式

甲乙双方同意按照以下模式进行合作：

1. 乙方负责按照甲方的质量标准提供稳定的龙虾供货，并保证供货的连续性和稳定性。

2. 甲方负责龙虾的销售和推广，并根据市场需求向乙方反馈产品改进意见。

3. 双方将共同开发新的龙虾产品和菜式，以满足市场的多样化需求。

三、双方约定

1. 乙方承诺所供应的龙虾达到食品安全标准，并接受甲方的质量检验。

2. 甲方应按照合同约定及时支付龙虾货款，确保乙方生产运营的顺畅。

四、本意向书是双方合作的基础。甲乙双方的具体合作内容以双方的正式合同为准。

甲方（盖章）：甜甜大排档　　　　　乙方（盖章）：天天龙虾养殖场

代表签名：　　　　　　　　　　　　代表签名：

日期：　　　　　　　　　　　　　　日期：

2. Q公司的董事长Y女士于2027年5月19日向D市××中学捐赠了柒佰万元，经手人是小橙，请根据收条的模板，写一份收条，回复如下。

扫码看教学视频

⑤ ChatGPT

**收条**

今收到Q公司的董事长Y女士捐赠的柒佰万元。

单位名称：D市××中学

经手人：小橙

日期：2027年5月19日

# 12

# 第 12 章
## 其他类公文的写作

　　除了前面介绍的各类公文，在不同的场景人们还会使用一些其他类别的公文。本章介绍讲话类公文中的发言稿、书信类公文中的感谢信、礼仪类公文中的悼词和请柬的写作方法，帮助拟写者掌握更多种公文的写作技巧。

# 12.1 发言稿

发言稿，顾名思义，就是与会人员在会议上发言的稿子。这是在各级党政机关、社会团体和企事业单位中广泛应用的一种公文类型。

## 12.1.1 发言稿的基本分类

扫码看教学视频

发言稿有广义和狭义之分。广义的发言稿是人们在特定场合发表言论的文稿；狭义的发言稿是指一般与会人员在会议上发表的重点阐述意见、看法等文稿。这里主要介绍狭义的发言稿。

从含义上看，发言稿包含3个重要内容，即发言的主体、发言的对象和发言的内容。从内容上看，发言稿可分为工作类发言稿和非工作类发言稿两大类。

（1）工作类发言稿是针对工作方面的问题、情况作出具有建设性的发言的文稿，一般都是对工作进行总结，对未来工作表达某种愿景和目标，对工作中出现的问题提出建议和意见等。

（2）非工作类发言稿主要是在特定场合或有特定目的的发言，如纪念、表彰、庆祝等。这类发言稿更倾向于情感与与会目的的表达，内容上往往在时间方面有着很大跨度，即包括对过去、现在和未来具体情况的描绘，其主旨更多的是针对受众的精神感召。

## 12.1.2 发言稿的格式、要点和技巧

扫码看教学视频

在格式上，发言稿有固定的组成部分，一般包括标题和正文，并且每一部分都有着特定要求。在写作发言稿时，拟写者也要掌握一定的技巧。

**1. 标题**

常见的发言稿标题主要有以下两种形式。

（1）"三要素"标题：这种发言稿标题包括发言者、发言事由和文种类别3个要素，如《×××（人名+职位或称呼语）在×××会议上的发言》。

（2）"主+副"标题：这种发言稿标题是在"三要素"标题这一副标题前加上一个能表达发言中心或主旨的主标题，如《如何成为一名优秀的××（职位或职业）——在×××会议上的发言》。

**2. 正文**

一般来说，一篇发言稿的正文可分为3部分，即开头、主体和结尾。

发言稿的开头如同人们常说的"开场白"，一般是先确定称谓，发言稿开头的称谓应该根据与会人员的情况和会议性质来决定。在称谓之后，要加上问候语，如"大家好"，然后才进入发言稿开头的正题，即从一个合适的角度切入发言的缘由，引出发言稿的主体内容。

在发言稿的主体内容上，应该围绕会议的内容和发言的目的来展开，或者是对会议内容或传播精神的理解和把握，或者是针对会议提出的问题发表自己的看法、观点，或者是讲话者对未来发展或工作的愿景等。

结尾，自然是要结束全篇了，此时应该对全篇作出总结，还可以针对讲话者的内容征询与会者的意见，并在发言最后对大家表示感谢。

### 3. 写作技巧

在拟写发言稿的过程中，并不能随心而动，想到哪写到哪，而是应该有一定的安排和掌握一定的技巧。具体来说，应该把握好内容和语言两个方面。

（1）内容上：有的放矢，中心突出，层次分明。发言稿的内容能够传达发言者的意图，因此在内容上做到有的放矢、中心突出和层次分明才是写好发言稿的关键，具体内容如图12-1所示。

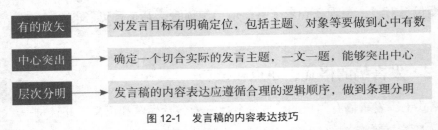

图 12-1　发言稿的内容表达技巧

（2）语言上：做到"上口""入耳"，少陈词滥调。发言稿是需要讲话者说出来的，因此对讲话者来说，要"上口"，即发言稿要符合人们的口语习惯，尽量采用短句，并选用响亮的字眼，让人在表达时朗朗上口。发言稿是要说给一定场合的受众听的，因此有两个要求：一方面，要求发言稿讲的是受众能听懂的内容；另一方面，要求发言稿内容能让受众产生兴趣，这就要求发言稿应少陈词滥调，在语言的生动性方面下功夫。

## 12.1.3　用AI写作发言稿

扫码看教学视频

在运用AI写作发言稿时，除了可以对发言稿的主题和格式进行要求，拟写者还可以对发言稿的字数提出要求。需要注意的是，AI目前对字数要求的理解还不够精准，可能会出现生成的发言稿字数少于或多于要求的情况。下面介绍具体的操作方法。

**RI** 提问

你是融媒体中心的一名员工，需要代表单位在会议上对下半年的工作进行表态，请根据以下格式和内容，写作一篇发言稿，不超过500字。

标题：工作会议表态发言稿。

正文：开篇对发言稿的缘由进行交代，总结上半年的工作成绩，引入实现下半年的工作目标应该怎么做的中心主题；主体部分条分缕析、层次分明地介绍怎么做的具体内容，从认识到措施再到实效，一步步深入；结尾对全篇作出总结，并表达感谢。

**ChatGPT**

**工作会议表态发言稿**

各位领导、同事们：

今天，我代表融媒体中心就下半年的工作目标和计划发表几点意见。上半年，我们在媒体整合、内容创新、服务优化等方面取得了不错的进展。但时代在进步，我们亦需与时俱进，持续推动中心向更高目标迈进。

下半年，我们将聚焦"提升、创新、服务"三大核心主题，全面优化融媒体中心的工作机制。首先，提升内容质量和传播效率是我们的首要任务。我们将加强原创内容的生产，特别是针对年轻受众的新媒体内容，利用数据分析工具精准定位受众需求，提升内容的吸引力和覆盖面。

其次，创新是我们的持续追求。我们计划引入更多的技术手段，比如AI和大数据，来支持内容创作和个性化推荐，提高工作效率和内容质量。同时，探索新的媒体形式和传播渠道，增强与受众的互动和沟通。

再次，服务优化是我们的基础工作。我们将进一步优化用户体验，加强与公众的互动，提高信息服务的实效性和便利性，确保公众能够及时获取到准确、全面的信息。

为实现这些目标，我们需要从认识到措施再到实效，层层深入，确保每一项计划都能落到实处。这不仅需要我们团队内部的紧密协作，还需要与其他部门和机构的有效沟通和合作，共同推进融媒体中心的发展。

总结来说，下半年我们的工作将更加注重提升内容的质量和效率、加强技术创新和服务优化。我们相信，通过大家的共同努力，一定能够实现我们的目标，为公众提供更优质的信息服务。

最后，感谢大家的辛勤付出和持续支持。让我们携手并进，共创融媒体中心更加美好的未来。

谢谢！

# 12.2　感谢信

在公文的写作中，书信文体运用得比较广泛，还形成了一种特殊的专用书信公文，其公文类别和涉及的内容多种多样。感谢信，顾名思义是表达感谢的一类书信公文，它是在受到有关组织、单位或个人帮助之后产生感激之情，将感恩之情书面化，表达成文，给人以正式、尊重之感的专用公务文书。

## 12.2.1　感谢信的格式、要点和技巧

使用感谢信，主要是为了表达感谢，还可以对外公布，向社会宣传对方的优秀事迹，不仅可以起到表扬与激励的作用，而且有助于形成良好的社会风尚。感谢信一般由标题、称谓、正文和落款4部分组成，下面介绍相应的格式、要点和技巧。

扫码看教学视频

### 1. 标题

多数情况下，标题直接用"感谢信"三字即可。若要突出想要感谢的对象，也可写作《致×××的感谢信》，标题居中书写。

### 2. 称谓

称谓即实施帮助的组织名称或个人姓名，为了表示尊重，感谢信的称谓应加上"尊敬的""敬爱的"等表示敬意的修饰语。

### 3. 正文

感谢信的正文，主要包括3方面内容，即感谢的原因、评价与表扬、致敬语，具体如下。

（1）感谢的原因：即在称谓之后，交代事件的起因、经过、结果，发生事件的时间、地点及涉及的人物等，表达清晰明了，实事求是。

（2）评价与表扬：指的是对发生事件的客观评价，基于事实，也重点突出事件表现出的崇高精神，表示肯定与提出表扬，对所起到的帮助表示感激，也可表明今后向其看齐的决心。

（3）致敬语：为表示尊重，在结尾处应写上"此致""敬礼"等字样。

### 4. 落款

写完感谢信的正文后，在正文的右下方署名并标注日期，可以方便实施帮助的人知晓。

### 5. 写作技巧

拟写者在拟写感谢信时，知晓行文格式之后，可通过掌握一些写作技巧，来实现一篇优秀的感谢信的写作。

（1）记录真实事件。

真实性是感谢信通篇内容的基调，而对事件的真实记录是感谢信的基本要求，也是写明感谢原因的必要要求。在写明感谢原因时，可在开头部分首先表示感谢，其次按事件发生的起因、经过、结果等记录，注意所涉及的人物、事件也要真实。

（2）详写与略写。

在记录发生的事件时，注意文字简洁，分清详写与略写部分，需要详写的是得到了哪些帮助，以及这些帮助起到了什么效果，省略的部分可以是环境的修饰、事件背景的介绍等，之后再自然而然地表露出感激之情。

（3）语言情真意切。

感谢信的目的在于感谢，具有表扬与激励作用，同时也希望带有感召作用，因此语言的使用要情真意切，恰当地使用赞美之词表达感受，要使对方感觉到肯定与激励，也可使其他人受到鼓舞。

## 12.2.2　用AI写作感谢信

感谢信的应用范围很广，无论是在日常生活中经历的好人好事，还是在工作中获得的支持和帮助，拟写者都可以通过感谢信来表达自己的感激之情。下面介绍具体的操作方法。

扫码看教学视频

RI　提问

请根据以下格式和信息，写一封感谢信，要求：情感真挚，语言简朴。

标题：感谢信

感谢的人：小柳师傅

感谢的原因：我不小心将装有公司电脑和资料的行李箱忘记在了公交车上，还好您及时发现，将行李箱保管好并积极寻找失主，让我免于受罚。

评价和表扬：××××。

此致

敬礼

小A

××××年×月×日

---

⑤ ChatGPT

**感谢信**

尊敬的小柳师傅：

您好！在我心中，有一份深深的感激，今天终于有机会通过这封信，向您表达我的谢意。

就在不久前，我因为一时粗心，将装有公司电脑和重要资料的行李箱遗忘在了您驾驶的公交车上。那些资料对我来说极其重要，一旦丢失，后果不堪设想。当我发现行李箱不见时，心里慌得像丢了魂似的，那份焦虑和绝望，真是难以言表。

然而，正是您的细心和责任感，为这次意外按下了暂停键。您不仅在第一时间发现了我的行李箱，还将它妥善保管，并积极寻找失主。您的这个行动，对我来说，就像一盏明灯，照亮了我心中的黑暗，让我看到了希望。

因为您，我不仅找回了珍贵的物品，避免了对公司造成损失，更重要的是，我感受到了这个社会上还有许多像您这样的好心人，愿意在别人最需要帮助的时候伸出援手。

您的这份善良和责任心，我将铭记在心，愿您的生活中也充满温暖和善意。

此致

敬礼

小A

××××年×月×日

---

# 12.3　悼词

我国是礼仪之邦，在我们的日常交友与为人处世中，礼仪类公文是运用得比较广泛的，且其公文类别和涉及的内容也多种多样，写好礼仪类公文可以帮助我们在为人处世中更从容。

悼词，在中国古代称为吊文、哀辞，主要是对死者表示哀悼、敬意的一类公文，一般会在死者的追悼会上宣读。悼词具有怀念死者、缅怀先人和激励后人的作用。

## 12.3.1　悼词的格式、要点和技巧

扫码看教学视频

一篇完整的悼词大致由标题、正文、结尾 3 部分组成，下面介绍悼词的格式、要点和技巧。

### 1. 标题

悼词的标题一般有以下3种样式。

（1）在正文前居中书写"悼词"二字。

（2）主持追悼会的主持人在宣读悼词时，应当使用《××同志致悼词》。

（3）如果需要公告或贴印悼词，应当使用《在追悼××同志会上××同志致的悼词》。

### 2. 正文

悼词的正文主要表现哀思，具体包含4个方面，即点明哀思的主题、明确哀思的对象、对哀思对象事迹的称赞，以及对生者的展望与希冀，具体内容如图12-2所示。

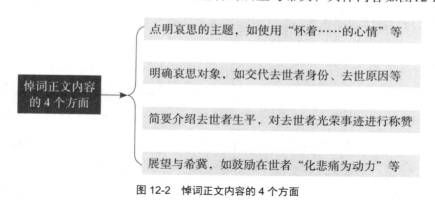

点明哀思的主题，如使用"怀着……的心情"等

明确哀思对象，如交代去世者身份、去世原因等

悼词正文内容的 4 个方面

简要介绍去世者生平，对去世者光荣事迹进行称赞

展望与希冀，如鼓励在世者"化悲痛为动力"等

图 12-2　悼词正文内容的 4 个方面

### 3. 结尾

结尾一般与开头呼应，即再次点明哀思的主题，有两种写法可参考。

（1）省略式："愿××同志在地下安息！"

（2）升华式："××同志和我们永别了，我们要化悲痛为力量……××同志的精神将永垂不朽！"

### 4. 写作技巧

在悼词的写作中，掌握一定的写作技巧，可以帮助拟写者更好地厘清行文思路，具体内容如下。

（1）内容上，明确主要写作目的，实事求是。

悼词的主要写作目的是对去世者生平事迹的介绍，肯定其丰功伟绩，然后传达出赞颂的情感，感召在世者学习去世者好的作风。对于去世者的事迹歌颂需如实陈述，不夸大事实，过度粉饰。

（2）情感上，哀思与勉励并行，情真意切。

悼词更多的是对去世者一生的简要回顾，因此在赞扬去世者的美德时往往容易触动人心，令人深感惋惜，因而沉浸于悲痛之中，但"逝者已逝，生者节哀"，对于去世者的精神传递才是对去世者最好的哀思。优秀的悼词应当真挚地表达勉励之意。

（3）语言上，简约质朴，严肃且精炼。

在悼词的语言使用上，无须华丽的辞藻，简约质朴更能表达真切的情感，但也不能过于平白无约束，相对严肃且正经的语言表达更能够表示对去世者的尊重。

## 12.3.2　用AI写作悼词

扫码看教学视频

拟写者在编写提示词时，除了介绍逝者的生平，还要将对悼词的情感要求写清楚，这样生成的悼词才能既包含对逝者的惋惜，又有对生者的安慰和勉励。下面介绍具体的操作方法。

**RI 提问**

> ××同志生于××××年××月××日，他于××××年××月××日，因肺癌去世，享年××岁。××同志性格开朗，在生活和工作中乐于助人，他的作品温暖感人，治愈了很多读者。在与病魔斗争的过程中，××同志也始终保持坚强、积极的心态，鼓励他的妻子和女儿不要太难过。
>
> 请你帮我写一篇哀悼××同志的悼词，标题为"××同志致悼词"，内容上先对去世者的离世表达了忧伤，交代了去世者离世的原因，接着简要介绍了去世者的生平，并表示称赞，最后勉励在世者节哀，并提出希冀，结构要完整，语言要简朴。

**ChatGPT**

> **××同志致悼词**
>
> 在这个沉重的时刻，我们怀着无比沉痛的心情，悼念我们敬爱的××同志。××同志于××××年××月××日，因肺癌而离开了我们，享年××岁。他的离去，为我们的生活和心灵带来了深深的缺失和痛苦，我们失去了一位极其可贵的同事和朋友。

××同志生于××××年××月××日，他的一生是如此的光明和宝贵。他以其独特的性格——开朗、乐于助人，赢得了大家的爱戴和尊重。在他的职业生涯中，××同志不仅是一位出色的工作者，更是一位温暖人心的作家。他的作品充满了温情和力量，治愈了很多读者的心灵，给人们带去了希望和安慰。

面对肺癌这一重大疾病，××同志展现出了难以置信的勇气和坚韧。他始终保持着积极和乐观的态度，不仅为自己鼓劲，也时刻鼓励着他的家人，特别是他的妻子和女儿，面对困难不要过于悲伤。这种精神力量，让周围的人感受到了无尽的温暖和力量。

今天，我们在这里，不仅是为了悼念××同志的离世，更是为了纪念和传承他的精神。××同志的生命虽然结束，但他的精神将永远激励着我们。他的乐观、勇敢和乐于助人的品质，是我们所有人学习的榜样。

在此，我也想对××同志的家人说，虽然失去亲爱的××同志是一种无法弥补的痛失，但请记住，我们永远与你们同在。让我们一起分享××同志的故事，让他的精神在我们心中永存。

让我们以××同志的生命为鉴，珍惜每一天，用爱和勇气去面对生活的每一个挑战。××同志，愿你在天之灵安息，你的笑容、你的温暖、你的力量，将永远照亮我们前行的道路。

节哀顺变。

# 12.4　请柬

请柬，又称请帖，指的是邀请宾客参与活动的一种书面通知。请柬的主要作用是交往联谊，因此被广泛应用于各种社会交往活动中。一般而言，人们举办大型的庆典活动如结婚、搬迁、祝寿等，或者召开隆重的座谈会、讲座等会使用请柬，以表对事件的重视。

请柬具有格式固定、篇幅短小、态度诚恳等特征，相较于其他礼仪类公文，其在纸质制作上相对精美，因此还具有美观性。

## 12.4.1　请柬的格式、要点和技巧

扫码看教学视频

请柬有两种样式，一种是单面式，直接由标题、称谓、正文、落款等构成；另一种是双面式，这类请柬的结构不变，只是在篇幅上增添了一个封面，这是制作精美的特征，而两种样式都有相同的写作格式、要点和技巧。

### 1. 标题

单面式的标题会直接在正文前居中位置写上"请柬"二字；双面式的请柬会在封面写明"请柬"二字，制作上多使用艺术字或名家临摹等字体加工。

### 2. 称谓

称谓是对邀请对象的称呼，一般在标题下一行顶格书写，如"××报社""××教授""××先生"等，后加冒号，引出正文内容。

### 3. 正文

正文内容在称谓之后，另起一行空两格书写，主要涵盖活动内容、活动性质、活动地点及活动时间等，如举办婚礼请柬，应写明婚礼举行的具体时间、地点。若有其他注意事项也应告知被邀请者。如参加庆典，需要被邀请者准备节目，应注明"请准备节目"等。

### 4. 敬语

敬语指的是在正文内容之后，写上"敬请光临"，或"此致""敬礼"等表示尊重与敬意的语言。敬语可在正文之后书写，也可另起一行。

### 5. 落款

落款注明邀请者名称，如单位或个人，以及写明请柬发出日期。

### 6. 写作要求

写作请柬应注意以下两点要求。

（1）内容达雅兼备。

达，指的是请柬中涉及的要点齐全，如活动内容、活动地点、活动时间等表达到位及准确无误。雅，是说请柬的语言表达，从整体上看内容具有美观性，以及请柬的纸张或包装制作精美，具有极高的观赏性。

（2）语言庄重明了。

写作请柬时语言的使用切忌辞藻华丽，给人"媚俗"之感。一篇优秀的请柬，通篇应该让人感受到邀请者对活动的重视，以及对被邀请者的尊重，因而以体现出庄重明了为佳。

### 12.4.2　用AI写作请柬

扫码看教学视频

在编写提示词时，拟写者要写明活动的内容、时间和地点，这样才能生成有效的请柬内容。下面介绍具体的操作方法。

 提问

A班的同学们在毕业15年后准备举办一个同学见面会，时间为×××年××月××日××时，地点在HG大酒店4楼406包间。除了全班同学参与，他们还想邀请当年的数学老师兼班主任小倪老师来参加，请你帮他们写一封请柬，标题为"请柬"，邀请人为全体A班同学，时间为×××年××月××日，要求：感情真挚，内容简朴，不超过300字。

ChatGPT

**请柬**

亲爱的小倪老师：

在这个特别的时刻，我们全体A班同学怀着无比激动的心情，向您发出诚挚的邀请。时光飞逝，转眼间我们已经毕业15年了。这些年来，无论我们走到哪里，都深深铭记着您对我们的教诲和关怀。

我们计划在×××年××月××日××，在HG大酒店4楼406包间举行同学见面会，回顾过去，展望未来。在这个充满回忆和期待的时刻，我们非常希望能有您的出席，与我们一起分享那些年的点点滴滴。

期待在见面会上与您相见，共同缅怀过去，欢笑着迎接未来。

此致

敬礼

全体A班同学

×××年××月××日

# 本章小结

本章主要向读者介绍了其他类公文的写作知识，具体内容包括发言稿、感谢信、悼词和请柬的基本知识、格式、要点与技巧，并分别安排了4个AI写作案例，介绍对应公文的写作方法。

通过对本章的学习，读者能够了解更多种类和用途的公文，并掌握它们的相关知识和写作方法。

# 课后习题

鉴于本章知识的重要性，为了帮助读者更好地掌握所学知识，本节将通过课后习题，帮助读者进行简单的知识回顾和补充。

1. 小云的女儿甜甜在半夜突发高烧，由于当时下着暴雨，打不到车无法前往医院，邻居齐女士在业主群里得知此事后，开车将小云和甜甜送到了医院，并一直在旁边帮忙和陪伴。现在，甜甜已经康复出院，她想写一封感谢信给齐阿姨，标题为"感谢信"，称呼为"亲爱的齐阿姨"，落款为甜甜，××××年××月××日，回复内容如下。

扫码看教学视频

**ChatGPT**

**感谢信**

亲爱的齐阿姨：

您好！我是甜甜。记得那个下着大雨的夜晚吗？我突然发烧了，妈妈很着急，因为雨好大，我们又打不到车去医院。就在我们最担心的时候，您像超人一样出现了，开着您的车，把我和妈妈安全送到了医院。那一刻，我觉得您真的好厉害，也好温暖。在医院，您还一直陪着我们，帮助我们，直到我开始好转。我知道，如果没有您，那个晚上会变得很难过。但是有您在，我和妈妈都感觉安心多了。

现在，我已经好多了，已经可以跑来跑去，还可以吃很多好吃的东西了。我想对您说一声："谢谢您，齐阿姨！您真的帮了我们大忙。"我长大了也想成为像您一样的人，遇到需要帮助的人，我也会伸出援手。

再次感谢您，齐阿姨。您是我见过的最勇敢和最温暖的人！祝您天天开心，身体健康！

甜甜

××××年××月××日

2. 小许和小柳将于××××年××月××日××时，在××酒店的空中花园举行婚礼，他们需要写一封请柬，邀请他们共同的好友，也是他们的媒人小 Q 来参加婚礼，婚礼的主题是粉色浪漫，因此需要来宾穿着粉色

扫码看教学视频

服装，请柬的落款时间为 ×××× 年 ×× 月 ×× 日，标题为"请柬"，不超过 300 字，回复内容如下。

 ChatGPT

**请柬**

亲爱的小Q：

在这个充满爱的季节里，我们即将在×××× 年 ×× 月 ×× 日 ×× 时，在 ×× 酒店的空中花园，迎来我们人生中最重要的时刻——我们的婚礼。回想起来，如果没有你，我们的故事可能就不会这样美好。你不仅是我们共同的好友，更是将我们牵引到一起的媒人。在这样重要的日子里，没有你的参与，我们的喜悦将会不完整。

我们的婚礼主题是"粉色浪漫"，我们诚挚地邀请你穿上粉色的服装，与我们一同分享这份浪漫和甜蜜。你的到来，将会使我们的婚礼增添无限的光彩。

期待在这个特别的日子里，与你共同见证我们的爱情和幸福。

小许 & 小柳

×××× 年 ×× 月 ×× 日